多《た》動《どう》力《りょく》

堀江貴文

NEWS PICKS × GENTOSHA 幻冬舎
NewsPicks Book

多動力

はじめに

「多動力」とは何か。

それは、いくつもの異なることを同時にこなす力のことを言う。

しかし、「多動力」がある人は、次から次に、興味が移り変わってしまい、まったくもって落ち着きがない。

モノは忘れるし、なくすし、不注意で怪我だってする。

やるべきことをしていないのに、やりたいことばかりしてしまう。

たとえば、テスラ・モーターズCEOのイーロン・マスクは服を着られないらしい。

服を着ている間に、次にやりたいことを思いついてしまうから、ボタンを留めることができないのだ。

まるで3歳児がテレビやおもちゃなど目の前のことに夢中になってしまって、いつまでたっても服を着替えられないのと同じである。


この「多動力」。

かつては、マイナスでしかなかったかもしれない。

「多動力」を仕事に生かす場面は少なく、おかしな人だと思われていたはずである。

しかし、これからの時代は「多動力」こそが最も必要な能力だ。

ここでは、その理由を説明する。

東大在学中の1996年にオン・ザ・エッヂを設立すると、僕はインターネットがもつ無限の可能性をたちまち体感した。

起業して間もなく「夕刊フジ」や富士フィルムのウェブサイトの管理といったレギュラーの仕事だけでなく、Adobe のサイトリニューアル、小室哲哉さんのウェブサイト立ち上げ、はたまた博報堂の「電子年賀状」作りに至るまで、初年度から業界問わずあらゆる仕事を手掛けていた。

そして、「ところで堀江君は××についてどう思う？」と質問を次々と投げかけられるようになり、半ば経営コンサルタントのように仕事が広がっていったのだ。

僕は、このときから、いずれはインターネットがすべての産業を横串で刺し、あらゆる仕事の基幹システムになるだろうなと確信した。

その理由は、インターネットというものが「水平分業型モデル」だからである。

「水平分業型」の反対は「垂直統合型モデル」で、その代表としては、テレビ業界がわかりやすい。

テレビ業界は各局が番組制作から電波の送信まであらゆるレイヤーの業務を垂直に統合している。

また、リモコンを見ればわかるように、限られたチャンネルによる寡占状態なのでイノベーションは起きにくい。

反対に、インターネットは「水平分業型モデル」だ。

電話もフェイスブックも、動画もゲームも電子書籍も、すべてスマホ上のアプリという一つのレイヤーの中に並べられる。

そこには、2、3年でプレイヤーが入れ替わるような熾烈な競争がある。

グリーやモバゲーの勢いがあったのははるか昔のように感じられ、数年前には存在しなかったLINEやメルカリが生活の中心になり、1年後には、まったく新しいアプリが登場しているだろう。

インターネットの世界は、しかし、だからこそ改良が進み、消費者には常にベストなプロダクトやサービスが提供される。

そして、いよいよ僕が20年前に確信していたように、本来無縁そうに見えた産業にもインターネットが行きわたり始めている。

IoT（Internet of Things＝モノのインターネット）という言葉を最近ニュースでもよく耳にすると思う。

これは、ありとあらゆる「モノ」がインターネットにつながっていくことを意味する。

調査会社ガートナーによると、2014年時点でネットにつながっているデバイスの数は38億個。その数が2020年には200億個を超えると予想されている。

つまり、テレビなどの家電はもちろん、自動車も、家も、ありとあらゆる「モノ」がインターネットにつながるということだ。

すべての産業が「水平分業型モデル」となり、結果〝タテの壁〟が溶けていく。

たとえば、テレビとインターネットがつながると、テレビはスマホアプリの一つになり、電話やフェイスブックと同じレイヤーで競争することになる。
フジテレビのライバルは日本テレビではなく、恋人からのＬＩＮＥになるのだ。
また自動車がインターネットにつながり、自動運転が進めば、もはや自動車の形である必要はなくて、ただの移動するイスになるかもしれない。
そのとき、自動車業界もインテリア業界もタテの壁はなくなる。

この、あらゆる産業のタテの壁が溶けていく、かつてない時代に求められるのは、各業界を軽やかに越えていく「越境者」だ。

そして、「越境者」に最も必要な能力が、次から次に自分が好きなことをハシゴしまくる「多動力」なのだ。

ある日、本書の編集者である幻冬舎の箕輪君から、「堀江さんほど『多動力』をもっている人はいないから、その真髄を教えてほしい」と言われ、この本を書くことになった。

本書で初めて僕を知る人もいるかもしれないので、僕のある1週間を適当に書き出してみよう。

4月25日（月）朝から堀江貴文イノベーション大学校（堀江貴文による会員制コミュニケーションラウンジ。以下、HIU）の法人会員コンサルティング→岐阜へ向かい経営者団体の講演会→岐阜から新大阪駅へ→兵庫県の三田へ移動し、家族経営の美味しい割烹料理店、石窯焼のピザ店、さらに隣の店の麻婆豆腐を食べ歩き→もう1軒飲みに行ってから有馬温泉に宿泊。

4月26日（火）新神戸から品川へ→アプリ「755」の定例会→居酒屋ホリエモンチャンネルの生放送。ゲストはGLAYのTERUさんと小田吉男さん→マンガHONZの定例会→寿司屋でディナー→「バンカラ」（生バンド付きのカラオケ）へ。

4月27日（水）マンガ編集者さんたちとミーティング→投資家とミーティング→HIUの法人会員ミーティングが2件連続→ホリエモンチャンネルの生放送。ゲストは椎木里佳さん→TERIYAKIプレミアム寿司会→銀座で食事→西麻布のバー→「バンカラ」へ。

4月28日（木）テリヤキアプリのミーティング→HIUの法人会員コンサルティング→銀座で美容室→ホリエモンチャンネルの生放送→ディナーはそばのフルコース→1軒だけ飲みに行ってから、漫画家&ミュージシャンチームで「バンカラ」へ。

4月29日（金）キッチンスタジオでWAGYUMAFIAのシンガポールイベント用のマンゴーおはぎの試作会→ニコニコ超会議へ。歌舞伎の隈取りメイクをフェイスペインティングコーナーでやってもらい、ホリエモンチャンネルの生放送→言論ブースのゲスト出演→千本桜の歌舞伎観劇→30分間のランニング→イタリアンでディナー→羽田空港からシンガポールへ。

4月30日（土）シンガポールのチャンギ国際空港に到着。ホテルにチェックインしてから、マリーナ・ベイのゴルフ場へ→WAGYUMAFIAの撮影と南インド料理を堪能。WAGYUMAFIA XOを開催すべくキッチン入り→メキシカンで打ち上げ。

5月1日（日）チキンライス屋→足もみマッサージ→WAGYUMAFIAの和牛イベント→飲み→2軒目はクラブへ。

5月2日（月）チャンギ国際空港から羽田へ。到着するなりミーティングが1件→

夜は「新宿つな八 つのはず庵」で天ぷら→「バンカラ」で深夜まで。

これは、何も特別な1週間ではない。ごくごく日常の1週間であることは、僕のメルマガを購読してくれればわかると思う（メルマガには毎週の日記を掲載している）。

こんな日々を送っているから、肩書きも、関わっているプロジェクトの数ももはや自分ですら把握できていない。

業界の壁などなく、すべてがごちゃ混ぜ状態である。

しかし、だからこそ、それぞれが掛け算になって、まったく新しいサービスやプロダクトを次から次へと生み出せるのだ。

本書では、この僕の源である「多動力」の中身をすべて明かそうと思う。

時代は大きく変わろうというのに、日本人は「石の上にも三年」に代表されるような「一つのことをコツコツとやる」という価値観からまだ脱せられていない。
最近は少しマシになったが、10年前は転職すらも、ネガティブに捉えられていたくらいだ。節操もなく動く人はこの国では尊敬されない。
そんな国民性の日本人が「多動力」を身につけるためには、ある種の洗脳を解かなければいけない。

本書を読んで価値観を根っこから変えてほしい。

各項目の最後には「やってみよう！」リストがついている。
本を何冊読んでも、現実は1ミリも変わらない。まずは一つでいいから実践してみてほしい。

メジャーリーガーのイチロー選手やサッカーの三浦知良選手のように、日本では一つのことを続けることが美学とされる。

一方で、ＡＣミランの本田圭佑選手のように、サッカー選手でありながら、経営をやったり、教育事業を手掛けたりすると、「本業をおろそかにしている」とたちまち批判されてしまう。


別に僕はイチロー選手やカズさんのような生き方を否定する気はない。

しかし、繰り返すが、もはや産業ごとの壁がすべて崩壊していくのだ。

そんな時代に、イチロー選手やカズさんのような才能をもたない人が、一つの仕事にとらわれてしまっていては、価値あるものは生み出せなくなっていくだろう。


この『多動力』は渾身の力で書いた。

「多動力」を身につければ、仕事は楽しくなり、人生は充実すると確信しているからだ。

本書が、あなたの人生を大きく変えることができれば、これに勝る喜びはない。

堀江貴文

目次

はじめに 3

第1章 一つの仕事をコツコツとやる時代は終わった 22

01 寿司屋の修業なんて意味がない 24
もはや「ノウハウ」に価値はない。

02 三つの肩書きをもてばあなたの価値は1万倍になる 30
あなたの代わりがいる限り、あなたの値段は上がらない。

第2章 バカ真面目の洗脳を解け 36

03 ベストセラーはコピペ本 38
「全部自分でやらなければいけない」という思いこみを捨てよ。

04 手作り弁当より冷凍食品のほうがうまい 44
「手抜きをしてはいけない」という思いこみも捨てよ。

05 見切り発車は成功のもと 50
すぐに始めてしまって、走りながら考えよう。

第3章
サルのようにハマり、鳩のように飽きよ 56

06
まずは、一つのことにサルのようにハマれ 58
「ハマる」ことも才能だ。バランスなんて考えず、一つのことに熱狂しよう。

07
飽きっぽい人ほど成長する 64
「飽きる」ということは、成長の証だ。どんどん飽きて新しいことを始めよう。

第4章
「自分の時間」を取り戻そう 70

08
経費精算を自分でやるサラリーマンは出世しない 72
人生において「やらないこと」を明確にしよう。

09 電話をかけてくる人間とは仕事をするな 78
技術の進化に逆行して「人の時間」を奪ってはならない。

10 大事な会議でスマホをいじる勇気をもて 84
他人の目を気にするのをやめないと、「自分の時間」は生きられない。

11 おかしなヤツとは距離を取る 90
「自分の時間」を生きるためには「付き合わない人」も明確にしよう。

12 仕事を選ぶ勇気 96
嫌な仕事を断る。大丈夫、仕事は逃げない。

13 『君の名は。』がヒットした理由 102
現代人は「無駄な時間」を我慢できない。

第5章 自分の分身に働かせる裏技 108

14 自分の分身に仕事をさせる技術 110
「原液」を作れば、寝てる間も分身が勝手に働いてくれる。

15 教養なき者は奴隷になる 116
太い幹となる「教養」があれば、枝葉は無限に伸びていく。

16 知らないことは「恥」ではない 122
専門外の情報や知識は聞けばいいだけだし、ネットで調べれば一瞬だ。

17 なぜ、デキる人は「質問力」が高いのか 128
いい質問ができなければ、いいアイデアや必要な情報は引き出せない。

18 99%の会議はいらない 134
会議は短く。

第6章 世界最速仕事術

140

19 すべての仕事はスマホでできる 142
あなたが忙しいのは、仕事が多いからではない。

20 仕事の速さはリズムで決まる 148
大量の仕事をこなすために、必要なのは「速度」ではなく「リズム」だ。

21 ヒマな人ほど返信が遅く忙しい人ほど返信が速い 154
「一工夫」するだけで仕事の渋滞は解消する。

22 刑務所にいても一度もメルマガを遅らせなかった秘訣 160
どんな過酷な状況であれ、与えられた条件の中で最大限の効率化を図る。

23 1晩10軒以上をハシゴしろ 166
会議もディナーも猛烈な勢いでハシゴしよう。

第7章 最強メンタルの育て方

第8章 人生に目的なんていらない　198

28 永遠の3歳児たれ　200
「多動力」は大人になるにつれ失われていく。

29 資産が人を駄目にする　206
もっているものを何とか生かそうとすることで、あなたの動きは遅くなる。

30 ハワイに別荘なんてもつな　212
予定調和の幸福を求める人生はつまらない。

31 人生に目的なんてない　218
今を楽しむことだけが、すべてなのだ。

おわりに　224

第1章

一つの仕事をコツコツとやる時代は終わった

あなたに肩書きはいくつあるだろうか？

一つとは言わせない。

インターネットの出現によって、あらゆる業界のタテの壁が溶けてなくなった。

フラットに開かれた時代では、業界の枠を飛び越えられる「越境者」にチャンスが来る。

寿司屋の修業なんて意味がない

01

POINT

あなたの貴重な時間を「情報」を得るために使ってはいけない。オープンイノベーションにより、「情報」それ自体の価値はゼロになる。

日本人は、修業や下積み、球拾いなど、苦しいことを我慢して行う美学が相変わらず好きだ。

この本を読んだあなただけでもそんな空っぽな幻想から目覚めてほしい。

以前、ツイッターで「寿司職人が何年も修業するのはバカ」と投稿したら大炎上した。しかし、僕は未来のある若者が卵焼きを作るのに何年もの無駄な時間を費やすのを見ていられない。

情報伝達手段が限られていた時代には、おいしい酢飯をどうやって作ればいいのか素人にはわからなかったし、魚のうまさを最大限引き出す包丁の使い方はプロのみぞ知る専売特許だった。貴重な情報をもつ親方に弟子入りし、下積みの苦労にひたすら耐えることでしか、それらの伝統技術や情報を引き継ぐことはかなわなかった。

インターネット出現前は特定の人間だけが技術や情報を独占し、それこそが価値だったのだ。しかし、インターネットの時代では「オープンイノベーション」が前提となる。

たとえば、誰かが新しいプログラムコードやツールを作ったのならば、それは公開してしまって、みんなで改良したり、新しい組み合わせを考えたりして、さらに新しいものを作るというのが「オープンイノベーション」だ。情報や権利の囲いこみなどとは正反対の考え方である。

発明というのは、まったくのゼロからは生まれない。世界のどこかで発明が生まれたのならば、すぐに共有し、その上に新しい発明を積み重ねるほうが技術の進化は速くなる。

「車輪の再発明」という、プログラマーの世界でよく使われるキーワードがある。

要は、すでに車輪という便利なツールが存在するのに、一から自力で車輪を開発するほど時間と労力の無駄はないということを表した言葉だ。

「すきやばし次郎」のような寿司屋にわざわざ弟子入りし、長大な時間を修業に費やす者は「車輪の再発明」をしているとしか言いようがない。

現に、大阪の「鮨　千《ち》陽《はる》」の土田秀信店長は迂遠な修業は積んでいない。専門学校で3カ月寿司作りを学んだだけだ。

その「鮨　千陽」が『ミシュランガイド京都・大阪２０１６』で「ビブグルマン」部門に選ばれた。開店からたった11カ月目の出来事であった。

つまり、一流店になるための情報や技術などは専門学校でちゃちゃっと身につけてしまうことができるのだ。

情報が独占されていたのは何も寿司屋だけではない。

かつて焼き肉がやたらと高かったのはなぜか。それは、食肉業界がギルド（職人組合）のような閉鎖的構造になっていたせいだ。職人はギルドにどっぷり浸かって修業し、門外不出、一子相伝のように肉の切り方を教わらなければならなかった。

しかし「牛角」グループを創業した西山知義さんは、若いころマクドナルドでアルバイトしているときに、ハンバーガー作りがシステマティックにマニュアル化されていることに驚愕し、「この仕組みを焼き肉屋にもちこもう」と思いついたそうだ。

僕も「WAGYUMAFIA」という和牛を世界に広めるユニットを作ってみてよくわかったのだが、和牛の切り方はかなり難しい。和牛はものすごい量の脂肪で覆われており、それをきれいにそぎ落として筋と分離しなければならない。

フィレの一部にはシャトーブリアンと呼ばれる希少部位があるし、シンタマ、シンシン、亀の子など実にさまざまな部位がある。これらの部位を一つひとつきれいに切り分け、客に出せるレベルにする方法はあまり知られていなかった。

この知る人ぞ知る技術を西山さんはマニュアル化した。アルバイトでも肉を扱えるようにし、人件費を大幅カット。こうして牛角は、安くておいしい肉を提供する革命を起こしたのだ。

「石の上で3年我慢できたら次の仕事を教えてやる」などと言う親方のもとで働いていては貴重な時間が失われるだけだ。

繰り返すが、もはや情報それ自体に意味はない。これからは旧態依然とした業界に「オープンイノベーション」の波が来る。そこでは、とにかくチャレンジしようという行動力とアイデアを進化させる力が求められる。

やってみよう!
JUST DO IT

□ 自分が手掛けているプロジェクトを紙にすべて書き出してみよう。どこかの誰かがすでに発見した技術やノウハウをわざわざ生み出そうとしていないか?

□ あなたにしかできない革新的な仕事をやれているか?

□ 師匠や上司から教えを請うために、下積みや修業をやっている人は、早く独り立ちしよう。

□ とにかく始めてしまえば、必要な知識やノウハウはおのずと身につく。

02

三つの肩書きをもてばあなたの価値は1万倍になる

POINT

あなたの代わりがいる限り、あなたの値段は上がらない。複数の肩書きを掛け算し、レアな存在になろう。あらゆる産業の〝タテの壁〟が溶けた今、一つの肩書きにこだわっていてはいけない。

修業、下積みと同じように「一つの仕事を定年まで全うするのが正しい」という幻想にとらわれている人もまた多い。多くのビジネスパーソンは「営業」「経理」「システムエンジニア」など、たった一つの肩書きで仕事人生を終える。

「水平分業」により、あらゆる産業の〝タテの壁〟が溶けていく時代において、これではあなたの価値は上がることなく、その他大勢に埋もれてしまう。いくらでも代わりのいる存在であれば、給料も上がらないだろう。ダイヤモンドがなぜ価値があるか？　それは美しいからではなく、珍しいからだ。

元リクルートの藤原和博さんが唱えている「レアカードになる方法」を紹介しよ

う。

まず、一つのことに1万時間取り組めば誰でも「100人に1人」の人材にはなれる。1万時間というのは、1日6時間やったと考えて5年。5年間一つの仕事を集中してやれば、その分野に長けた人材になれる。

ここで軸足を変えて、別の分野に1万時間取り組めば何が起きるか。「100人に1人」×「100人に1人」の掛け算により、「1万人に1人」の人材になれる。これだけでも貴重な人材だ。

さらに飽き足らずまったく別の分野にもう1万時間取り組めば、「100人に1人」×「100人に1人」×「100人に1人」＝「100万人に1人」の人材が誕生する。ここまですれば、あなたの価値と給料は驚くほど上がる。

会社員として、これまで営業の仕事を1万時間やってきた。経理の仕事を1万時間やってきた。こういう人は、すでに「100人に1人」の人材になっている。しかし、このままでは「ただの人」だ。ここで、違う肩書きに着替えることで、あなたの価値は「100人に1人」から「100万人に1人」まで高められるのだ。

「NewsPicks」の佐々木紀彦編集長は東洋経済新報社に入社して「東洋経済オンラ

イン」編集長に就任した。２０１４年からは「NewsPicks」に在籍。佐々木編集長を見ていると「何足ものワラジを履ける者こそが強いのだな」と痛感する。

「週刊東洋経済」では記者を経験し、「NewsPicks」では編集者をやっている。これだけでも「記者×編集者」という2足のワラジの相乗効果が生まれる。さらに佐々木編集長は、「NewsPicks」のマネタイズの方法を考えるなど、ビジネス開拓をも担っている。「記者×編集者×ビジネス開拓」という3足のワラジは、２足のワラジよりさらに強い。

優秀な記者、編集者はたくさんいるが、ビジネス開拓までできる人材は皆無に等しい。新しいメディアを立ち上げる会社にとっては喉から手が出るほど欲しい人材に違いない。

繰り返すが、肩書きを掛け算することであなたはレアな存在になり、結果的に価値が上がる。

仕事を掛け算するとき、似通ったワラジ同士より遠く離れたワラジを掛け合わせたほうが、その希少性は高まる。

僕の活動や肩書きを思いつくままに列挙するだけでも「実業家×コンサルタント

×プログラマー×作家×コメンテーター×クイズタレント×エンターテインメント・プロデューサー×ロケット開発者×飲食店プロデューサー×マンガ事業×オンラインサロン主宰者×アプリプロデューサー×予防医療普及協会×Jリーグアドバイザー×大阪万博特別顧問×映画プロデューサー×服役経験者×……」など、数え切れないほどある。

すべてを1万時間やっているわけではないが、さっきの理論で言えば、数千億分の1の人材になるはずだ。僕の代わりをしてくれる人はどこにもいない。だからおもしろい仕事があちこちから舞いこむ。

僕の場合、仕事と遊びの境界線など関係なく、ワクワクすることに次から次へと飛びついていった結果、無数のワラジを同時に履く生き方になっていた。

僕が普段会う人のラインナップは、見事にバラバラである。

もはや、産業ごとの〝タテの壁〟は崩壊していくのだ。「この肩書きで一生食っていく」などと言っている人は、自分で自分のキャパシティを狭めてしまっているだけだと思う。

肩書きが一つしかない名刺なんて、さっさとゴミ箱に捨ててしまおう。

やってみよう！

JUST DO IT

- □ あなたの肩書きを紙に書き出してみよう。
- □ 三つ以上ない人は、反省しよう。
- □ 反省（2秒でいい）が終わったら、欲しい肩書きを理想でいいから書いてみよう。
- □ では、その肩書きを手に入れるにはどうしたらいいか。1万時間を捻出するための計画を立ててみよう（具体的に）。

第2章

バカ真面目の洗脳を解け

数多くのプロジェクトをこなすためには、「バカ真面目」の洗脳を解かなければいけない。

「全部自分でやらないといけない」「準備万端にしないといけない」

すべて思いこみだ。

03

ベストセラーはコピペ本

POINT

「全部自分でやらなければいけない」という思いこみをしていては、多くの仕事を手掛けることはできない。自分が最も力を発揮できる仕事だけをやろう。

ここまで読んでくれたあなたには、一つの肩書き、一つの業界で職人のように働くことがもはや時代遅れだとわかってもらえたと思う。

ここからは、日本人のバカ真面目な洗脳を解いていこう。

僕は毎月1冊ペースで本を出しており、文庫化されたものも含めれば、そろそろ累計100冊に迫るのではなかろうか。

「なんでそんなハイペースで本が出せるんですか？」とよく聞かれるが、ほとんどの本は編集者とライターが僕にインタビューをして、まとめているものなので、大体10時間ほど話せば1冊になる。

こういう話をすると、ゴーストライターを使っているなどと騒ぐ人が必ずいるが、漫画だって多くのスタッフ、アシスタントによる分業制だ。

たとえば、ストーリーを考えるのがうまかったら、そこに特化して、絵は他人に任せている漫画家もいる。それくらい割り切らないと何作も同時並行で手掛けることは不可能だろう。なぜ本だけは駄目なのだろう?

「全部自分でやらなきゃいけない症候群」にかかっている人が多すぎる。

自分の貴重な時間は、自分の強みが一番発揮できる仕事に集中させるべきだ。

2015年の終わりに出版した『本音で生きる』も、ライターが僕にインタビューしたものをまとめて作った新書だ。

この本は30万部に迫るベストセラーとなった。不遜な言い方に聞こえるかもしれないが、『本音で生きる』はインタビュー時間ゼロでも完成しただろうし、なおかつ30万部のベストセラーになったと思う。

なぜなら、過去にインタビューや本で僕が散々言ってきたことしか書いていないからだ。

『本音で生きる』のインタビューは心底退屈だった。

今まで何度も繰り返し言ってきたことを改めて聞かれ、僕はその度に「過去の本を読んでくれ」とインタビュアーであるライターに怒った。

何しろ僕は新聞や雑誌、ネットメディアでこれまで何百件、何千件というインタビュー取材を受けてきたし、テレビ番組やネット放送、トークショーや講演会でしゃべり倒す日々を送っている。

大量の書籍も発刊してきたし、２０１０年に創刊した有料メルマガは、刑務所に収監されている間も獄中から一度も休まず配信し続けた。

これだけ大量のアウトプットをしていれば、どうしたって言うことは似通ってくる。堀江貴文という人間が変質するわけではないから、Ａという質問を複数の記者からされれば、同じＢという答えを少しずつアレンジしながら返すほかない。

そんな過去の僕の言葉を焼き直ししてできた本がベストセラーになって、僕は確信した。別に、時間をかけてインタビューする必要すらないのだと。

今後僕が発刊する書籍の多くは、キュレーションメディアのような作り方で「取材時間ゼロ」で進めたい。

メルマガとＨＩＵという、自分の有料メディアやグループでは、僕にしか書けない堀江貴文の核となるものを残しておく。

本などはその僕の核からネタを引っ張ってくれれば何冊でも作れると思う。

ＡＩに僕の全発言を取りこんで、botのようにどんどん新しい本を発刊してもらうのもいいかもしれない。

作家根性を発揮して言葉の端々までこだわり抜き、1年以上かけて作った本が1万部もいかないなんてことはよくある。印税で言ったら100万円足らずだ。

時間をかければクオリティが上がる、真心をこめれば人に伝わるというのは、妄想にすぎない。

何百もの仕事を同時にこなすためには、「自分でやらないこと」を決めるのが大切だ。自分にしかできない仕事以外は、他人に思いっきり任せよう。

やってみよう！
JUST DO IT

- □ あなたが抱えているタスクをすべて書き出そう。
- □ そのうち、アルバイトや同僚、上司でもできる仕事は赤ペンで潰していこう。
- □ 残ったのが「あなたがやるべき仕事」だ。
- □ 赤ペンで潰したタスクをやらない方法を考えよう（具体的に）。
- □ 万が一、すべての仕事が赤ペンで潰されていたら、大問題だ。自分にしかできない仕事はないか、落ち着いて考えよう。

手作り弁当より冷凍食品のほうがうまい

04

POINT

「すべての仕事で100点を取らなければいけない」と追いこまれてしまっては、すぐに息切れするし、大量のアウトプットをすることはできない。たまに〝手抜き〟をすることで、膨大な仕事を継続的にすることができる。

「一つひとつの仕事に全力投球しなければ不誠実だ」と考えるバカ真面目が、あまりにも多いことに驚く。

そういう人間ほど仕事が遅く、量も質も悪かったりするからタチが悪い。

たまに手抜き仕事をしたって、誰も気づきやしない。すべてに全力投球もいいが、それで力尽きてしまっては元も子もないのだ。

たとえば、共働きで仕事をしていれば、お母さんが子どもの弁当を毎回バッチリ作るわけにもいかないだろう。

「今日は時間がないし疲れているから、冷凍食品を適当にレンジでチンしよう」

こう割り切れると人生は一気に好転する。

反対に、弁当は手作りでなくては駄目だと思いこんでしまったら負のスパイラルにハマってしまう。

毎朝早起きすることにストレスを感じ、子どもや夫にやつ当たりして、家庭の空気が悪くなってしまえば、本末転倒だ。

冷凍食品を並べた弁当だからといって、実はまずくもなんともない。

「大事な子どもに食べさせる弁当だから、心をこめて毎回手作りしなければいけない」「化学調味料なんて食べさせてはいけない」と妄信する人は多い。

しかし、残酷なことに、お母さんの愛情たっぷり手作り弁当よりも、コンビニ弁当やマクドナルドのてりやきマックバーガーのほうがおいしかったりする。化学調味料と天然の旨味成分は化学的には同じものである。だから問題ない。

お母さんが忙しいときは「ごめん。今日はこれで好きなものを買って」とお小遣いをもらい、コンビニで好きなものを買ったほうが子どもははるかにうれしい。

中にはキャラ弁作りに熱を上げ、ものすごい手間をかけ、せっせとブログに写真を上げている人もいる。

親の自己満足を子どもに押しつけ、「うまい食べ物を食べたい」という肝心要の部分が満たされない。

全力投球して自己満足しているのは本人だけだ。

もちろん毎回手抜き弁当を出していたら、子どももそのうち親が手抜きしていることに感づくだろう。

重要なのは、たまに手を抜くことである。

常に全力で走っているサッカー選手は二流である。試合開始から全力を出し続けていては、肝心のチャンスで１００％の力を発揮することはできない。

メッシのような超一流選手は90分の試合のうち大半をサボっていて、ここぞというときに一瞬の隙を突いて得点を奪う。

緩急を使いこなすことこそ仕事の本質だ。

僕は毎週のメルマガを一度も欠かしたことがない。

メルマガを書く時間を十分に取れないこともある。しかし、隙間時間に冷蔵庫のありものの食材で料理するかのごとく、過去に書いた自分の記事のエッセンスを抽出し、組み合わせるなど、やり方を工夫する。

メルマガの中には発行者の都合で遅延をしたり配信がなくなったりするものもある。

そのメルマガの発行者はできるだけクオリティが高いものをと思っているのかもしれないが、読者にとっては毎週必ず届くことのほうが大事だ。

仕事が遅かったり、仕事に忙殺されてしまっている人は、「仕事はすべて100点を取らなくてはいけない」という自己満足を、かなぐり捨ててみよう。

「完璧主義者」は、何度もやり直し、一つの仕事にアリ地獄のようにハマってしまう。目指すべきは、完璧ではなく、完了だ。

目の前の仕事をサクサク終わらせ、次に行く。そして前の仕事には戻らない。

「完了主義者」こそ、大量のプロジェクトを動かすことができる。

やってみよう！
JUST DO IT

□ 企画書やプレゼン資料のうち2割は手抜きでやってみよう。

□ その分、浮いた時間で新しいことを始めよう。

□ 新しいことは、自分がワクワクすることなら何でもいい。新規プロジェクトを提案してもいいし、早く退社して合コンに行ってもいい。

□ 一度手をつけたものは、「完了」させることを心がけよう。

見切り発車は成功のもと

05

POINT

準備にかける時間は無駄である。見切り発車でいい。すぐに始めてしまって、走りながら考えよう。

2017年2月4日、「ホリエモン祭」という六本木の街を舞台にしたフェスを開催した。

VRやARといった最先端テクノロジーを紹介したり、麻雀や人狼ゲーム、街コンといったイベントが六本木のいたるところで催され、メイン会場ではゲストが30分ごとに入れ替わる怒濤のトークライブを開催した。

最後には元光GENJIの諸星和己さんが歌まで披露し、大成功に終わった。

2018年に開く第2回「ホリエモン祭」は、1万人規模でやろうと考えている。

僕がおもしろいと思う企画を幕の内弁当のように1カ所に放りこんだ「ホリエモ

ン祭」が、具体的に動き始めたのは開催の2カ月ほど前。

完全な見切り発車でスタートした。

僕が言いだしっぺになり、実務はＨＩＵのメンバーに手伝ってもらった。彼らはイベント開催のプロではないし、ちょっと頼りないところもあるが、がんばってくれた。

普通の人は、１０００人近い会場を借りる時点でビビる。

「フタを開けてみて全然人が来なかったらどうしよう」「オレが責任を取れるのか」「収支が大赤字になったら大変だ」と、リスクを取るのを恐れる人が多いはず。

実際に、今回のホリエモン祭にも「準備期間がなくて不安」「経験がないので怖い」などの理由で参加しなかった人も多かった。

しかし、うまくいかなかったらどうするのか？　などという心配をしていたら、計画が実を結ぶことは永遠にない。

10代のころを思い起こしてもらいたい。誰だって中学生、高校生時代に学園祭をやっていたではないか。学園祭なんて思いつきの産物そのものだし、プロが一人も介入しなくともそれなりに成功している。

人がたくさん行き交う中庭にステージをこしらえ、バンド演奏やクイズ大会など出し物を企画し、周辺に模擬店を出す。

学園祭の焼きそばやカキ氷は素人が作っているから、お店で出しているものにはとうてい及ばない。でもみんな喜んでオカネを出して買ってくれる。

かつては思いつきとノリだけで大きなイベントを成功させてきたにもかかわらず、大人になった途端に頭が固くなり、くだらない責任感が芽生え、フェスの一つも企画できなくなる。

そんなの夢がなさすぎる。人が集まりそうな場所を選び、おもしろそうな企画を仕掛ける。

ヒマつぶしの材料がなくて困っている人に、ビビッドに突き刺さる宣伝文句を仕込む。インフルエンサーにフェスの存在を知ってもらい、SNSで情報を拡散してもらう。そんなの遊びの延長だろう。難しく考えることではまったくない。

大人の学園祭が意外とないことに、僕はかねてから不満を感じていた。フェスと聞くと、みんなフジロックフェスティバルみたいに万単位の人が集まり、ひたすら音楽を楽しむイベントをイメージするだろう。あるいはULTRA JAPANのようにプロ仕様で洗練されたイベントだ。

しかし、たとえ洗練されておらず猥雑であっても、フェスなんておもしろければオーケーだ。昔から「花より団子」と言うが、花見だって花を見るのは一瞬だ。食ったり飲んだりゲームをしたりしながらみんな好き勝手に遊べばいいのだ。

大事なことは、見切り発車でもいいからやってみることだ。

絶対に完璧なものを作ろうと5年間準備に費やして第1回のフェスを迎えるよりも、見切り発車でも、不完全でもいいからとりあえずやってしまって、5年間トライ&エラーを繰り返したフェスのほうがクオリティも高く、お客さんも集まるものになるだろう。

準備が足りないからと足踏みしていたらいつまでたっても満足いくものはできないのだ。やりたいと思ったら、今すぐやってしまおう。

やってみよう！
JUST DO IT

□ 何かに向けて準備していることはないか？　フルマラソンに出るために毎朝ランニングしてはいないか？　気になる女性とデートするためにダイエットしてはいないか？

□ 準備している時間は無駄だ。今すぐ直近のフルマラソンにエントリーしよう。気になる女性と食事に行こう。

□ 「準備が整ったら始めましょう」を会議で言うのは禁止しよう。その代わり「とりあえず始めてみてあとから修正していきましょう」を口癖にしよう。

第3章

サルのようにハマり、鳩のように飽きよ

「多動力」の源泉は好奇心と集中力だ。この二つを身につけるには「ハマって飽きる」をひたすら繰り返すことが重要だ。

まずは、一つのことにサルのようにハマれ

06

POINT

「ハマる」ことも才能だ。僕のように何百ものことにハマるためには、まず一つのことに徹底的にハマってみよう。バランスなんて考えず、偏って、極端に。


「多動力」とは異なる、いくつものことに次から次へとハマる力だ。

では、この力を身につけるためにはどうすればいいか。

初めからいくつものことに手を出すのではなく、まずは「何か〝一つのこと〟にサルのようにハマる」ことだ。

僕はその積み重ねの人生を歩んできた。

どんなことでもいい、野球でもヒッチハイクでもナンパでも。

何か一つのことに極端なまでに夢中になれば、そこで培った好奇心と集中力が他のジャンルでも同じように生かされる。

僕が思うに、日本の「バランス教育」は子どもの集中力と好奇心をそぐようにできている。

よく大人になってから「好きなことが見つからない」「やりたいことが見当たらない」という人を見かけるが、ここに原因がある。

子どもが一つのことに異様なほどハマると、周りの大人はドン引きして「お前大丈夫か」と揺り戻そうとする。

せっかくサルのように集中しようとしている子どもの肩に手をかけ、バランスが取れたつまらない人間に矯正しようとする。これでは、好奇心と集中力が育たない。

僕は子ども時代から、大人が押しつける「バランス教育」はくだらないと看破していた。そのおかげで今の僕がある。

小学生のころ、給食の時間に「三角食べをしましょう」というワケのわからない指導をされたのではなかろうか。

「ご飯→おかず→味噌汁→ご飯→おかず→味噌汁」とお盆の上で三角形を描くように食べなければ、栄養バランスの良い食生活にならないというアレである。

おかずをアテにご飯をかきこみ、最後に味噌汁をすすって終わりにしたところで、何の問題もなかろう。

教師たちは何年もかけて教育現場で「三角食べ」を推進してきたわけだが、今思い返してみれば、あれのどこに科学的根拠があったのかはなはだ疑わしい。無理やり「バランス信仰」に洗脳していたとしか思えないのだ。

学校というのは平均点の子どもを作る工場のようなものだから、どこか一方に偏り、バランスが取れていない人間が集団に交じっていると不安を覚え、無理やり矯正しようとする。

「三角食べ」などしなくても栄養が偏ることはないし、社会生活を送るうえで何の問題もない。

僕は「ホリエモンドットコム」という自分のメディアの取材で、ノーベル賞を取るような研究者や医師、大学教授と対談を繰り返してきたが、彼らは総じてバランスを欠いた変人だ。「バランス教」にとらわれていたら、頭一つ抜きん出ることなんてできない。

考えてもみてほしい。たとえ徹夜でゲームをやり続けたとしても、翌日も翌々日も延々と徹夜し続けられるわけがない。疲れたら寝るし、飽きたらやめる。

余計なことを考えずに、子どもが好きなことをとことんまでやらせておけばいいのだ。

僕は「ドラクエ」などのRPGゲームはそんなにやっていないが、日本ファルコムの「イース」や「ソーサリアン」にはとことんハマった経験がある。だから、それ以外のゲームもなぜヒットしているのかがわかるし、僕がスマホゲームを作るときにはいろいろなアイデアも自然と湧いてくる。

何もゲームだけではなく、グルメアプリやサロン運営にも応用できたりする。

何か一つのことを根っこまで掘り下げれば、そのジャンルの真髄がわかり、どんなことにだって応用できるようになるのだ。

まずは何だっていい、一つのことにサルのようにハマってみよう。

やってみよう！
JUST DO IT

□ もし、明日から会社が1カ月休みになったとしたら、何をやりたいか？　一つ思い浮かべよう。

□ そして、今日からそれを実行しよう。

□ ハマりすぎて、アポを飛ばしてしまっても、会社を休んでしまっても構わない。

□ それで会社をクビになったら、そのハマっていることを仕事にしよう。

飽きっぽい人ほど成長する

07

POINT

「飽きる」ということは何もネガティブなことではない。飽きるというのは、慣れて、余裕が出たということだ。大事なことは、飽きたらすぐに捨てることだ。

僕は一つのことにサルのようにハマるが、あっさりと飽きて違うことへと興味が移る。

中高生時代はパソコンとインターネットにハマり、大学時代は麻雀と競馬に没頭した（一時は競馬で一生食っていこうと思ったくらいだ）。

社会人になってからは、ご承知のとおり、数えきれないくらいのプロジェクトを立ち上げてその都度、周りが呆れるくらいにハマっている。

一つのことにサルのようにハマるが、実は飽きやすい。

飽きやすいということをネガティブに捉える人もいるが、実は成長が速いということでもある。

どんな分野でも、80点までは簡単にたどり着けても、100点満点を達成するまでには膨大なコストと時間がかかる。80点まではウサギの速さで駆け抜けても、そこから100点に到達するには亀の歩みになってしまう。

たとえばゴルフの平均スコア80を1年で達成できたとしても、平均72になるまでにはさらに10年はかかる。それを達成したところで、プロゴルファーとして活躍できるわけでもないのだが。

僕は80点を取れるようになるとあっさり飽きてしまうことが多い。

ある程度ハマれば、大半の知識は得られる。そこから長い年月をかけて100点を取ることに執着せず、次のジャンルへ飛んだほうが、また新たな発見がある。

成長が速かったり、絶えず新しいことを仕掛けている人は、みな「飽きっぽい」。短期間に一つのジャンルにメチャクチャにハマっていたかと思ったら、次に会ったときには全然違うことをやっている。

飽きっぽいといっても、短期間にものすごい勢いで熱中しているから、人並み以上の知識と経験が身につき、仕事に役立つ武器となる。

福岡県八女《やめ》市の田舎に生まれた僕は、幼稚園時代によく百科事典を読んでいた。自宅が僻地にあって友だちの家まで遠かったため、僕は一人で遊ばざるをえなかった。おそらく親が業者にそそのかされて買ったのであろう。自宅にあった百科事典を朝から晩まで読んでいるうちに、自然と雑多な知識が身についていった。

いわゆる「お受験」なんてやらなくても、百科事典を通読するだけで成績は上がる。ましてや百科事典にドハマリして徹底的に熟読していたので、あっという間に小学校の同級生、そして教師の知識量をも上回った。

さらに幼いころの話をすれば、遊び一つとっても僕は次から次へと興味が移っていた。

周りの友だちは「堀江は朝から晩まで何を必死になっているのか」と気味悪がっていたかもしれないが、僕は学校の裏に流れる川に橋をかけることにやたらと夢中になっていた。授業中も給食の時間も僕はこの「橋」のことばかり考えていた。

しかし、それほどまでにハマっていたのに、ある日突然飽きてしまった。

他にも多くの遊びに「ハマっては飽きる」を繰り返した。ドッジボールやサッカーのようなゲームは運動神経が一番いいヤツが勝つに決まっているから、僕は頭を使わなければ勝てないゲームを考え、クラスの中で流行《はや》らせた。しかし、クラスのみんながルールを完璧にマスターすると、また運動神経がいい者が勝ち始めるから、すぐにまた違うゲームを開発していた。

僕は物心ついたときから、「ハマっては飽きる」「ハマっては飽きる」を繰り返して、それが今でも続いている。

スティーブ・ジョブズは「点と点をつなげていくと、いつの間にか線ができる」と言ったが、あちこちハマっていくうちに、網の目のように散らばった点と点が思わぬところでつながるのだ。

一度深くまでハマり、あっさりと次へ移る。これからの時代は、そうやって80点取れるものをいくつももっている人が強い。

やってみよう！
JUST DO IT

□ この1年間で飽きてしまったことはいくつあるか？

□ 飽きたことを羅列した、「飽きたことノート」を作ってみよう。マラソン、ギター、英会話、ポケモンGO……。どれだけ多くのことに飽きてしまったか、はっきりと可視化しよう。

□ 飽きるということは、慣れて、余裕が出てきたということだ。つまり、「飽きたことノート」は「成長したことノート」だ。

□ 1年後にノートが何冊分になったか、それが成長の証だ。

第4章

「自分の時間」を取り戻そう

あなたは「自分の時間」を生きているだろうか？他人にコントロールされている「他人の時間」を生きている限り、時間はいくらあっても足りない。自分の好きなことをやる前に人生が終わってしまう。

経費精算を自分でやるサラリーマンは出世しない

08

POINT

人生の中で「ワクワクしない」時間を減らしていこう。そのためには、「やらないこと」を決めることが重要だ。


限られた時間しかない人生。いつも多動でいるために一番大事なこと。

それは、1日24時間の中から「ワクワクしない時間」を減らしていくことだ。

嫌な仕事はどうしたって気が進まない。効率も悪くなるし、能力だって発揮できない。

そんなものを背負っていたら、身軽に、そして大量のプロジェクトを動かして生きることなんてできやしない。

僕は今、ホテル暮らしだから掃除や洗濯などの家事は一切していない。僕が夢中になっているプロジェクトが掃除なのであれば、喜んで掃除をする。しかし、僕にとって掃除は一切ワクワクすることではない。限りある時間をそんな非生産的なことには使っていられない。

だから僕は「人生でやることリスト」の中から、「掃除」を完全に捨てたのだ。

そんなことは、お金持ちだからできるという人は思考停止してしまっている。誰だって家事代行サービスを使えば、家事の時間を減らすことはできる。

たとえば「ＣＯＭＥＨＯＭＥ」では掃除と洗濯を代行しており、交通費込みで１時間２５００円という低価格だ。

あなたの１時間が２５００円より価値がないのだとしたら、この本に書いてあることを実践して、自らの価値をもう少し上げなくてはいけない。

むしろ掃除や洗濯など自分がワクワクしないことに人生の大半を使っているようではいつまでたってもあなたの価値は上がらない。

日本には「家庭のことは自分でやるべきだ」という妙な道徳観念があり、家政婦やベビーシッターなどを頼むと眉をひそめる人もいる。

やりたくもない家事に消耗し、育児ノイローゼになったり、介護で人生を犠牲にしたりするくらいならば、割り切ってオカネで解決してしまったほうがいい。

その分、自分の時間は「ワクワクすること」で埋め尽くすのだ。

僕もあなたも1日の持ち時間は同じ24時間。にもかかわらず、なぜ僕は好きなことばかりやっていられるのか。それは、自分がワクワク、ゾクゾクしないことは、すべて他人に任せてしまっているからだ。

僕の服装を見て「オシャレしてますね」とほめてくれる人がたまにいるのだが、実は服選びはすでにアウトソーシングが完了している。

僕は服を選ぶのが特に好きではないから、服選びが好きな友だちにＺＯＺＯＴＯＷＮにある僕が好みそうな服のＵＲＬをＬＩＮＥで送ってもらい、気に入ったものを買う。

サラリーマンや公務員のほぼ１００％が、経費や交通費の精算を全部自分でやっているらしい。頭がクラクラする。あんなに非効率で面倒くさいことを、なぜ自分ですべてやろうとするのだろう。

本書の担当編集者である箕輪君が、「堀江さんはワクワクすることだけをやれって言いますが、経費精算はワクワクしないからずっと後回しにしていたら経理から怒られました」と言ってきた。「平社員が秘書なんて雇えない」と言うが、そんな無意味な作業に膨大な時間を割かれるくらいならば、自腹を切ってアルバイトを雇い外注してしまったほうがいい。

ちまちま経費精算なんかに時間を使っていたらいつまでたっても平社員だ。

僕はせっかちだが、おもしろいことだったら何時間でもやっていられる。つまり「絶対時間」ではなく「体感時間」が重要なのだ。

好きな女の子とデートをしているときは、それが何時間であろうとあっという間に終わってしまうだろう。一方で嫌いな人との食事はなかなか時間が進まない。

僕は、後者のような「体感時間の長い」ものは人生の中からどんどん減らしていくようにしてきた。

今でも残っているものは歯磨きくらいだ。歯磨きをしている間なんて、全然ワクワクしない。早く自動歯磨きロボットが出てきてほしいと思っている。

自分の1日のタイムスケジュールを一度書き出してみるといい。24時間のうち、自分がワクワクしないことにどれほどの時間を費やしているだろう？

家事や通勤時間、経費精算など嫌々やっていることは、一つひとつ減らし、1日24時間をワクワクで埋め尽くそう。

やってみよう！
JUST DO IT

- □ 1日24時間をこと細かに書き出してみよう。
- □ 起床、シャワー、朝ご飯、歯磨き、着替え、ゴミ出し、通勤、メールチェック、会議、昼食、電車移動、打ち合わせ……。
- □ その中でワクワクしないことを赤で潰そう。
- □ ここから先は「03」と同じだ。
- □ 1日24時間をワクワクだけで埋め尽くそう。

電話をかけてくる人間とは仕事をするな

09

POINT

電話というのは、一方的に人の時間を奪うものだ。そういう前時代のツールを使い続けているような人とは、付き合わないほうが良い。

「自分の時間」を奪う最たるもの。それは「電話」だ。

僕は「電話に出ないキャラ」を確立している。

電話で話す必然性のない用事なのに、やたらと気軽に人の電話を鳴らす者がいるが、僕は絶対に応答しない。

相手がどんなに偉い人であろうが、僕は「電話に出ないキャラ」になると決めている。電話は多動力をジャマする最悪のツールであり、百害あって一利ない。

仕事をしているときに電話を鳴らされると、そのせいで仕事は強制的に中断され、リズムが崩れてしまう。

ライブドア時代、僕は社員と面と向かってしゃべらないことをすごく批判されたことがある。同じフロアにいる社員や秘書にメールやチャットで指示を出していたからだ。「ホリエモンは隣の秘書にすらパソコンを使って連絡をする。なんと機械的で冷たいのか」という印象をもたれたようだ。

僕だってちょっと一服したいときには、お茶を飲みながらそのへんにいるスタッフと雑談くらいは当然する。

しかし、スケジュールの調整やちょっとした打ち合わせや連絡なんて、面と向かったミーティングや電話という同期通信でやる必要はない。

メールやLINE、メッセンジャーを使った非同期通信で十分だ。

1日の中には、細かい隙間時間がたくさん発生する。その隙間時間を利用し、非同期通信によって仕事を効率的に進めていくのだ。

前時代の感覚にとらわれている人は、コミュニケーションというのはお互い同時間に行う同期通信でなければ意図が伝わらないと盲信している。

そういう人が僕の電話を平気で鳴らし、人の仕事をジャマするのだ。

驚くべきことに、メールやファクスを送ったあとに「今メールを送りましたから」「今ファクスしましたから」と電話を鳴らしてくるバカもいる。

こういうバカは、飛脚が走って手紙を届けていた江戸時代からメンタリティが変わっていない。

悪気なく電話を鳴らしてくる時点で、僕はそんな人とは一緒に仕事をしたくない。電話でしかやりとりできないような人は、僕の時間を無駄に奪う害悪だ。

インターネットの大きな功績は、非同期通信を手軽にしたことである。

非同期通信が手軽になったおかげで、人がどれだけ隙間時間を活用できるようになったか。

地球の裏側にいる人と仕事をするときにも、時差なんて気にする必要さえなくなったではないか。

誰もが自分の都合のいい時間に情報にアクセスできる。

上司に連絡や報告を入れるときに、メールやＬＩＮＥを使うと怒る人がいるという。「ホウレンソウ（報告・連絡・相談）は直接電話しろ。だいいち無礼だ」と叱りつける上司や仕事相手とは、付き合うのをやめるか、何度言われても、しぶとくメールやＬＩＮＥでホウレンソウをすればいい。

世の中の大多数が電話を捨て、メールやLINEで連絡をするようになれば、そういった相手も心変わりするだろう。

会社に辞表を出すときだって、書面ではなく2行のLINEで構わないと僕は思う。明らかに会社を辞めたがっている部下から「お話があるので時間を取ってください」と言われて貴重な時間を割き、結局辞められたのではかなわない。

辞めるなら勝手に辞めればいいし、そういう人間は引き留めたところで結局会社を去っていく。

非同期通信が手軽に使えるようになった画期的な時代に、なお電話という同期通信にこだわり続ける。そういう人間に僕は言いたい。「お前にあげる時間はねえよ」と。

やってみよう!

JUST DO IT

- □ 今日の着信履歴を見てみよう。
- □ そこに並ぶ人たちが「あなたの時間」を奪った犯人だ。
- □ もう犯人からの電話に出ることはやめよう、気がついたら人生丸ごと奪われる。
- □ ちなみに、発信履歴はあなたの被害者リストだ。

大事な会議でスマホをいじる勇気をもて

10

POINT

他人の目を気にするのをやめないと、「自分の時間」は生きられない。


他人の目を気にしすぎて、「自分の時間」を生きていない人が多い。

限りある人生、「自分の時間」を無条件で譲り渡すようなことをしてはいけない。

多くのビジネスパーソンは、上司や先輩の怒りを買わないように無意味なルールに縛られ、「他人の時間」を生きている。

自分が参加する必要もない打ち合わせに出て、上司の話をボーっと聞いている。

そんな「他人の時間」を生きるくらいなら、打ち合わせ中にスマホで気になるニュースを読んだり、ＬＩＮＥやメールを返して「自分の時間」に引き戻したほうがいい。

「他人の時間」を生きるのは自分の人生に対して失礼ではないだろうか。

僕は打ち合わせ中も、終始スマホをいじっている。

オン・ザ・エッヂを起業した当時の僕はまだ20代前半。当時はガラケーしかない時代だったが、僕はガラケーの時代から手元では常にケータイをいじっていた。

オン・ザ・エッヂを取材しに来たテレビクルーは驚いたようだ。

「ここの社長は会議中であるにもかかわらず、携帯電話で株価をチェックしている。とんでもない不真面目な社長だ」というようなトーンで報じられた。

僕は、会議中に社外の相手や部下がケータイやスマホをいじっていても、それが悪いことだとは感じない。

スマホ画面を見ているからといって、会議が上の空というわけではない。だいいち、すべての会議が濃密というわけではなく、くだらない会議、意味のない無駄話はどの職場でもけっこう多いものだ。その隙間時間に、ケータイで必要な情報を得たほうがずいぶんと効率的だと思う。

僕は起業したときから社長だったから、打ち合わせ中にケータイを見ていることについて、面と向かって文句を言われたことはない。

だが、外では何か言われているかもしれない。何しろ僕は、どこかのお偉いさんと会っているときも、相手によって態度を変えたりしないし、先方が天気の話題などどうでもいい話をしているときには、すぐスマホに目を落とし、「自分の時間」を過ごす。

僕はときどき『朝まで生テレビ！』に出演することがある。あの番組は出演者が多いことに加え、出演者同士で怒鳴り合いをしたり、話が脇道にそれて議論したりする場面もあり、僕が討論に参加してない時間も長い。

そんなときはスマホで仕事をするし、ツイッターで討論への反応を見ながら視聴者にコメントを返したりもする。

すると驚くべきことに、未だに「生放送中にスマホをいじるな」と説教を垂れる風紀委員のようなアホが存在するのだ。

オンエア中にスマホをいじって、いったい何が悪いのか。テレビの前の風紀委員は「マナーを守れ」と言う。だが、どこに「テレビ出演中にスマホはいじるな」というルールが設定されているというのか。

テレビ朝日の収録現場ではWi-Fiが飛んでいるし、スタッフからとやかく言われることもない。むしろ出演者と視聴者がツイッターでリアルタイムにコメントのやりとりをしていたほうが、番組としても盛り上がっていいだろう。

君たちの職場にも、こういう「自分の時間」を奪う風紀委員は必ずいるはずだ。

「上司が話をしているときは目を見て聞け」とか「会議中にはスマホをしまえ」と言われても、屈してはいけない。それでクビにされるような会社だったら早く辞めたほうがいい。

大勢のスタッフが集まる大事な会議で、あえてスマホをいじる勇気をもってほしい。

周りにとやかく言われることを恐れ「他人の時間」を生きてしまってはいないだろうか？

1日24時間を楽しみきるためには、自分が今「自分の時間」を生きているのか「他人の時間」を生きているのか、ということに敏感にならないといけない。

やってみよう！
JUST DO IT

☐「自分の時間」とは自分の意思で、自らがやりたいことをやっている時間のことだ。

☐「他人の時間」とは自分の意思とは関係なく、何かをやらされている時間のことだ。

☐今、自分は「自分の時間」を生きているか？「他人の時間」を生かされているか？　意識してみよう。

おかしなヤツとは距離を取る

11

POINT

「自分の時間」を生きるためには「付き合わない人」も明確にしよう。

あなたは他人の時間を奪うことに敏感だろうか？

「時は金なり」と言うように、人の時間を使うならば、きっちりと対価を払うべきだ。しかし、世の中には、何の悪気もなく平気で他人の時間を奪う人がいる。

僕のメルマガの日記を読んでいる人は、僕が毎日さぞかし大勢の人と会い、社交的な人間だと思うかもしれない。

だが僕は、自分にとっておもしろい人としか会わない。

つまらない人、ウザい人、そして電話をかけてくるタイプもそうだが、「自分の時間」を平気で奪うような相手とは意識して距離を取る。

もちろん新しいプロジェクトを立ち上げる中で、どうしたって初めての出会いは増える。

第一印象で「こいつは面倒くさい」「ややこしいタイプだな」と直感するが、そういった勘はだいたい当たっているものだ。

そういう「危険人物」と付き合うと、無駄に時間を奪われた挙句、不愉快な思いをすることになる。

HIUには、いろいろなタイプの会員がやってくる。

中には面倒くさい人もいれば、友だち感覚の馴れ馴れしい人もいる。

だから僕はおかしなヤツを排除するため、定期的にキレるし、強めに注意する。

HIUにはいくつもの分科会があり、会員はオフ会などさまざまな企画を立てる。

僕は主宰者としてHIUに協力するわけだが、最初から何でもかんでも僕の稼働を必要とする企画を立てる想像力のない人がいることには閉口する。

そういう人は何度言ってもわからないから、なおのこと困る。

僕という人間は一人だけであり、僕の24時間は有限だ。その24時間を、すべてHIUのメンバーに捧げているわけではない。HIUの参加者が考える企画を全部受けていたら、僕の持ち時間はゼロになってしまうだろう。

新幹線に乗っているときや道を歩いているときに、突然何の前触れもなく話しかけられるのも迷惑だ。僕はそういうとき、不快感を露《あらわ》にする。「失礼なヤツだ」と思われても、知ったことではない。

「堀江さんの本を読んですごく感動しました。ありがとうございます！」と言われても、「だから何？」としか言いようがない。

そんなことは感想文としてアマゾンのレビューやツイッターにでも書いてくれれば済む話だし、わざわざ人の足を止めて伝えるべきことではない。

自己満足の報告のために、「僕の時間」を奪わないでほしい。

他にメンヘラっぽい人間とも徹底的に距離を取るようにしている。

メンヘラは後々、絶対に面倒くさいことを引き起こす。

精神的におかしくなっているためロジカルにいくら説明してもまったく通用しない。永遠に埒《らち》が明かない。

こういった人間は「僕の時間」を奪う存在だ。

あなたの周りにも悪気なく時間を奪う人がいるのではないだろうか？

1日24時間をできるだけ有効に使うために「やらないこと」を明確にしろと、すでに書いた。

しかし、それと同じように「付き合わない人間」を明確にすることも大切だ。

誰とでも無難に付き合い、心にもないお世辞を言ったり、愛想を振りまいて生きているうちに人生なんて終わってしまう。

自分がやりたいことを次から次に実現したいならば「自分の時間」を奪う人間と付き合ってはいけない。

やってみよう!
JUST DO IT

- □ 明日以降のスケジュールを見てみよう。
- □ 会うことがワクワクしない人はいるだろうか?
- □ その人とは次に会うので最後にしよう(勇気があれば、アポをキャンセルしてしまってもいい)。
- □ 「付き合わない人」を決めることがあなたの生き方を決める。

12 仕事を選ぶ勇気

POINT

「仕事を選ぶ」ということをネガティブに捉える人がいる。だが、嫌な仕事、気が乗らない仕事は断らなければ、「仕事」に振り回されて「自分の時間」がなくなってしまう。大丈夫。仕事は逃げない。仕事を選ぼう。

「自分の時間」を生きるためには、仕事を選ぶ側にならなくてはいけない。食べていくためにやめることができないと追いこまれながらやっている仕事は、いつだってその仕事の発注主の都合に振り回されてしまう。

「嫌だと思ったらやめればいい」と割り切ったほうが自分の人生を生きることができる。

地方都市の講演会に呼ばれると、1時間以上も前に会場入りさせられて、控え室によくわからないおじさんがワラワラ集まることがよくある。おじさんたちが行列を作って次々と名刺を渡されるわけだが、5人も10人も次々と挨拶されたところで、

2秒後には名前も顔も覚えていない。

そして、そのあとには、何の意味もない事前の打ち合わせが繰り広げられる。

主催者はリハーサルをやっておかなければ不安になるらしいが、僕は事前の打ち合わせなんて意味がないと思っているから、どうでもいいリハーサルには付き合わず、ずっとスマホをいじって「自分の時間」を過ごしている。

事前に打ち合わせをやるだけでなく、「箇条書きで構いませんので、当日お話しする内容を事前に送ってください」と要求する者もいる。事前に送って何の意味があるのだろうか。僕の講演やトークショーは最新情報を織り交ぜてアドリブでやっているから、予定稿なんて何もない。だから「メモを送ってください」的な要求が来ても無視して当日に臨む。

無意味な仕事、割に合わない仕事、生理的に嫌な仕事に付き合わされそうになったら、無視してしまえばいいし、それで文句を言われるようならやめてしまえばいい。

高校生や大学生が、ブラックバイト防止のユニオンを作ったというニュースが一時期話題になった。マクドナルドや牛丼屋の時給を上げろと文句を言い、デモ行進をするらしい。なんて非生産的な時間を過ごしているのだろう。

バイトの労働環境が不当だと思うのならば、そんなバイトはとっとと辞めればいいではないか。

「ブラック労働反対！」と息巻き、デモをするのなんてどれだけヒマなんだろうか。

僕がこういうことを言うと「バイトをやって学費や生活費を稼がなければいけない。バイトを辞めてしまったら、僕らは明日からどうやって食べていけばいいんですか」と反論されるが、意味がわからない。

仕事なんていくらでもあるのだから、自ら望んでブラックな現場に留まらなければいいだけだ。「これしか仕事がない」というのは完全な思いこみだ。

むしろ、ブラックバイトを辞めない人間がいるからブラックバイトがなくならないという事実に気づいたほうがいい。誰もやらなくなれば、その仕事はなくなるか、時給が上がるか、ロボットがやるようになる。

「週刊文春」の企画で、ノンフィクションライターがユニクロのバイトになりすまして潜入取材した記事が話題になった。ライターであることを悟られないため、偽名を使ってバイトをしながらブラックな労働環境を暴いたらしい。

こんな卑怯な手を使ってまでユニクロを批判し、何か良いことがあるのだろうか。企業はバイトや社員を強制労働させているわけではないのだし、気に入らないのなら辞めればいいだけだ。

法的にアウトな違法労働があるのなら、そういうときは労働基準監督署の出番だ。牛丼屋のバイトだろうが、電通だろうが、「辛い」「嫌だ」と感じたら辞めればいいだけだ。

バイトや会社を辞めると、「親が、妻が、同僚が何て言うだろうか」という「感情」がジャマをしているのかもしれない。

しかし、世の中にはおもしろいことがあふれている。「嫌なら辞める」ができるようになるだけで人生は一気に動き出す。

やってみよう！

JUST DO IT

□ 「受けない仕事リスト」を作ろう。

□ 来た仕事でピンと来ないもの、続けているけどやめたい仕事を「受けない仕事リスト」に入れよう。

□ そのリストはあなたの人生の羅針盤となる。

□ やらないことを決めることで、進むべき道が現れるのだ。

『君の名は。』がヒットした理由

13

POINT

現代人は「無駄な時間」を我慢できない。

時間の流れは確実に速くなっている。5年前の時間軸で生きていたら、時代に取り残されてしまうだろう。

映画『君の名は。』がヒットしたのは、今の時代の「時間感覚」を見事にとらえたからだと思う。

今の時代の「時間感覚」からすると映画や芝居、ライブに拘束される時間は長すぎると感じる。スマホがこれほど普及する前は、「ヒマつぶしに映画でも行こう」と言ったが、今、「ヒマつぶし」に映画を観ようと言う人はいないだろう。

スマホがあらゆる、隙間時間を埋めるようになったことで、人の「時間感覚」は確実に速くなっている。昔は2時間の空き時間をヒマと言ったが、今は2分の空き時間も耐えられない。そんな今の「時間感覚」をもっている者にとって映画を1本観るのは〝重たく〟感じられるのだ。

そんな時代にもかかわらず尺が長くて冗長な映画が多い中、映画『君の名は。』は優れた映画だった。今の「時間感覚」をもつ若年層は、スマホで動画やネット放送を観るのが当たり前の世代だ。ユーチューブで3分の動画を次から次にナナメ視聴する。

そんな集中力が続かない若年層に、2時間超えのアニメーションを劇場でただ黙って見せるのは不可能だと、新海誠監督ならびに川村元気プロデューサーは考えたのかもしれない。

『君の名は。』は1時間47分に収められているし、余分なシーンをカットし、スマホを使ったコミュニケーションのシーンをごく自然に取り入れている。こういう工夫が観る者に妙にしっくりハマり、映画が支持されたのだろう。『君の名は。』は興行収入246億円超えのメガヒットとなった（2017年3月現在）。

ちなみに『君の名は。』は中国の映画館でも公開され、約6万8000スクリーンで上映、興行収入は日本円で約95億円を記録した。この映画の世界観は、アジア圏の他の国にもフィットするものだ。

今後ハリウッドでの実写化もありうるかもしれない。それくらいインパクトがある作品だった。

世界的なSNS時代には、『君の名は。』のように時代の空気感をとらえた作品がメガヒットになりやすい。

『君の名は。』を観ると、特別にアニメーションが好きでない僕のような人間でも引きこまれる。1時間47分飽きることはないし、何よりもサクサクと話が進むのが心地よい。

「もうこのシーンの言いたいことはわかったから、早く次に行ってくれよ」と思う映画があまりに多い中、異質の編集がなされていた。

今の時代を生きる人は「無駄な時間」を我慢できない。この映画はそのことをよく理解していた。

『君の名は。』は「時間感覚」のある新海誠監督が観客を飽きさせない間合いとストーリーの構成を考え抜き、無駄なシーンを切りまくっていた。

『君の名は。』が示してくれたように、時代をとらえたヒットやサービスを生み出すには、今の速い「時間感覚」を意識することが大切だ。

やってみよう!
JUST DO IT

- □ あなたが生み出しているサービスやプロダクトは「人の時間」をどれだけ奪うだろうか?
- □ その時間をできるだけ短くできないか考えよう。
- □ たとえば、マッサージは5分からにしてみる、コース料理は30分にしてみるなど、今の「時間感覚」を意識してみよう。

第5章

自分の分身に働かせる裏技

「時間がない」と嘆くあなた。どんなに嘆いたところで、１日は24時間しかない。誰もが平等にもっている24時間の中で大量のアウトプットをする人とそうでない人がいるのはなぜだろう。それにはある秘密がある。

自分の分身に仕事をさせる技術

14

POINT

世の中には2種類の人間がいる。
それは、「原液」を作る者と「原液」を薄める者だ。
「原液」を作れば、自分の分身が勝手に働いてくれる。
あなたは「原液」を作れているだろうか?

「時間がない」と嘆くあなた。どんなに嘆いたところで、1日は25時間にはならない。しかしあなたを2人、3人、4人……と、無限に増やす方法ならばある。

誰もが、1日24時間で生きているはずなのに、とんでもない数の仕事(遊びのようなものも含め)をやっている活動的な人と、動きの少ないつまらない人がいる。

それは努力や仕事量の差ではなく、「原液」を作ることができているかどうかの差だ。

「原液」を作るということは、どういうことか。

僕をテレビで知った読者も多いと思う。未だにテレビには大きな影響力がある。

テレビで僕に興味をもった視聴者が、僕の本を買ったりメルマガ購読を申しこんだり、HIUに入ったりしてくれるのだから、CMをタダで流しまくってもらっているような経済効果が得られるのは事実だ。

しかし、テレビの収録はやたらと時間を取られるうえに、司会者からぶつけられる質問も紋切り型でつまらないものが多いから、稼働時間は絞るようにしている。にもかかわらず、「堀江さん、最近よくテレビ出てますよね」と言われる。人々の記憶には「ホリエモンはテレビに出まくっている」という印象が植えつけられている。

その理由は、僕がツイッターで炎上させた発言をテレビが取り上げ、僕がいないスタジオでコメンテーターが侃々諤々《かんかんがくがく》、議論をしているからだ。

番組では、僕の顔写真も一緒に表示されるから、まるで僕が出演しているかのような印象になる。この仕組みは非常に効率がいい。

僕はカルピスで言うところの原液を作っているのだ。

10～20代の若い読者は、「カルピス」と聞くと自動販売機で売っている「カルピスウォーター」をイメージするかもしれない。

僕が小さなころは、瓶詰めのカルピスがどこの家庭にもあったものだ。カルピスの原液は非常に濃厚なため、とてもストレートでガブガブ飲めるものではない。この原液を氷水で割ると、1本のカルピスを使って何本分ものカルピスウォーターを作れる。カルピスを長持ちさせるため、コップにちょっとずつ入れて1杯でも多くカルピスウォーターを作るのがコツだった。

地上波放送のようなメディアは、カルピスの原液的コンテンツを薄めてマスに届ける典型だ。

僕が普段メルマガやツイッターで主張していることを、うんと易しく言いかえて伝える。そして、そのテレビ番組をさらに薄めたものがネットニュースなどにバンバン取り上げられる。

僕の1滴の原液がアメーバのように無限に広がるのだ。泉の源にあるカルピス原液から派生するアウトプットは、末端に近づくほど薄まり、大海に変わる。

僕が実際に動かなくても、考えや主張は自動的に生産され続け、何人もの僕が働いているのと同じことになる。

もう一度言う、「時間がない」と嘆くあなた。どうがんばっても1日は24時間しかない。

その限られた時間は、自分にしか思いつかないアイデアを出すことや、自分にしかできない発言をすることに集中するべきだ。

関わっているプロジェクトの数が少ない人は大体、カルピスの原液を作れていない。他の誰かの作った原液を薄める仕事しかしてないのだ。

起業家でもクリエーターでも、なんでこの人はこんなに多くの仕事をできるのかと思う人は、みな原液作りをしているのだ。

秋元康さんが、とても一人でやっているとは思えない量のプロジェクトを立ち上げられるのは、彼の作るものがすべて原液だからである。

味の薄いカルピスウォーターしか作れない人生なんてつまらない。

どうせなら手元にカルピスの原液の一升瓶を抱え、周囲に大量のカルピスを分け与える。そんな原液まみれの濃密な人生を歩むことを意識しよう。

やってみよう！
JUST DO IT

□ 一番わかりやすいのは、あなたが会議でした発言が一人歩きして、多くの人間を動かしているか？ と考えることだ。

□ あなたの発言やアイデアに、あなたが知らない人までもが熱狂し、働く。そういう仕事をするように意識しよう。

教養なき者は奴隷になる

15

POINT

「原液」を作るのに必要なもの。それは「教養」だ。太い幹となる「教養」があれば、枝葉は無限に伸びていく。

原液を作るようになれと言ったはいいが、やみくもに走り回っても「原液」になるものは作れない。

では、いかにしたら原液を作れるようになるか。

それは「教養」を身につけることだ。

教養とは、表面的な知識やノウハウとは違い、時代が変化しても変わらない本質的なことを言う。

僕は疑問に思うことは、とことんまで徹底的に掘り下げる。

2006年、いわゆるライブドア事件で東京地検特捜部に逮捕された。

マスコミが世論を煽り、明らかに僕をターゲットとして検察が動いた。

そこに不可解で理不尽なものを感じた僕は、検察という組織を、その歴史から海外事例に至るまでとことん調べ上げた。

これこそがまさに教養を得るということだ。

現代の検察はいかにして生まれたのか。それは明治42年の日糖事件まで遡る。江戸時代までは庶民が、お上や偉い人を吊し上げるということはありえなかった。しかし日糖事件では、検察官がお偉いさんを捕まえまくって、庶民が拍手喝采した。

これを機に検察官がクローズアップされていったのだ。

それまで陸軍省、海軍省、大蔵省などが花形で、司法省は三流官庁だった。しかし、平沼騏《き》一郎《いちろう》という検察中興の祖が、前述の日糖事件などを指揮し、その後大審院検事局検事総長になって、大審院長、今で言うところの最高裁の長官になったあと、最終的に内閣総理大臣にまで上りつめたのだ。

彼は検察の力が政治的権力に転用できることに気づき、マスコミと結託して世論の支持を受け、政治家になった。

これは世界を見渡してみれば、どこでもそうなのだ。

たとえば、元NY市長のルドルフ・ジュリアーニは元検察官だ。潰れかけた会社の株を流通させる仕組みを作り世間を騒がせていたジャンクボンドの帝王マイケル・ミルケンの逮捕を指揮したのが、検察官であったジュリアーニだった。

彼はこの事件で名をあげNY市長になる。マイケル・ミルケンだろうが、堀江貴文だろうが、仮想敵を逮捕し、世間から喝采を浴びる。そこにマスコミが連係する。

こういったことは、表面的な情報をいくら集めてもわからない。

歴史を深掘りし、海外事例まで調べることで、知識の幹となる本質にたどり着くことができる。繰り返すが、これこそが「教養」だ。

「教養」という幹なるものがあれば、枝葉となるさまざまな事象はすべて理解できる。

２０１６年9月に発刊された『サピエンス全史』は上下巻で分厚いが、教養を体系的に身につけるための格好の良書だ。

現生人類であるホモ・サピエンスが、なぜホモ属の中で唯一生き残り、繁栄することができたのか。本書ではその疑問に対して丁寧に解説している。

ホモ・サピエンスは虚構（フィクション）を作り出すことによって、他の哺乳類には不可能だった大規模な協調行動を取り、繁栄することが可能となった。

この本を読めば「現金至上主義をやめろ」「国民国家はなくなる」といった僕の主張の裏づけがわかるだろう。

僕は「原液」となる、時代の一歩も二歩も先のビジョンを提示しているが、それはシステムの本質と歴史の変遷を追った深い教養を身につけているからできることなのだ。

教養なき者は、「今」という時代の変化に振り回され、目の前の仕事をこなす歯車で終わってしまう。

反対に「教養」があれば、ジャンルを横断する「原液」となるものを生み出すことができる。

急がば回れ。表面的な情報やノウハウだけを身につけるのではなく、気になった物事があれば歴史の奥まで深く掘って、本質を理解しよう。

やってみよう！
JUST DO IT

□ 何か疑問が湧いたら、その歴史を深く掘って、根幹から理解しよう。

□ 10冊の流行のビジネス書を読むよりも、1冊の骨太の教養書を読もう。

□ 教養は身につけるだけでは意味がない。目の前の仕事に、具体的に落としこむ意識をもとう。

16

知らないことは「恥」ではない

POINT

「教養」とは違い、専門外の情報や知識は恥ずかしがらないで、聞けばいいだけだし、ネットで調べれば一瞬でわかる。こんな簡単なことをやらない人が意外と多い。

「堀江さんはなんでそんなにいろいろなことに詳しいんですか」と言われることがある。

それは、気になることがあれば、その場ですぐに調べたり、質問したりするからだ。

それだけで知識や情報は限りなく増えていく。

打ち合わせ中に知らない言葉が出てきたら、スマホでさっと調べればいい。

わからないことがあれば、目の前の人に聞けばいい。

世の中には、そんな簡単なこともできない人があまりにも多くて驚く。

テリヤキストとして食べ歩きをしたり、「WAGYUMAFIA」を作ったり、エゾシカの生ハムをプロデュースしていく中で、僕は自分で調べたり、専門家に質問したりして、気がついたら料理や食材に詳しくなっていた。

たとえば、一口に卵焼きといっても、関東風の甘い卵焼きと関西風の出汁巻き卵がある。舌に吸いつくようななめらかな関東風の卵焼きを出すある店では、飽和濃度に近い砂糖の量を正確に計量して投入しているそうだ。これは、パティシエの技術を卵焼きに応用しているのである。

パティシエの世界では計量が基本であって、目分量なんてありえない。パティシエの世界の常識をちょっと応用するだけで、和食を一変させることができるのである。

「なぜこの店の卵焼きは抜群においしいのか」「なぜ自分で作った卵焼きだとこうはいかないのか」

そういう素朴な疑問をプロに率直にぶつけるだけで、生の情報は手に入れられる。

僕は知らないことを恥じない。

先の教養とは違って、表面上の知識や情報なんてネットで調べたり、直接聞いたりすればすぐに手に入るのだ。

2015年7月、僕はJリーグとアドバイザー契約を結んだ。

僕がサッカーに詳しいから、このようなオファーがあったわけではない。日本代表戦があるときくらいは僕もサッカーを観るが、サッカーに関する知識は読者のみなさんと大差ないと思う。

たとえ専門外の領域だとしても、わからないことはどんどん質問してしまえばいい。

「こんな質問をしたらバカだと思われる」と恐れることはない。

僕は他のビジネスで培ってきた経験を求められているわけだから、知らないことはさっさと聞いて、その情報に僕の知見をミックスして、新しい風を送りこむ。

「ホリエモンドットコム」の企画で、僕は毎週のように大学教授やサイエンスの専門家、医師や研究者、起業家との対談を収録している。

メルマガにテキスト版を配信しているので一読してもらうとわかるが、僕はいつも生徒になったつもりで何でも質問している。

もちろん、ベースとなる部分がわからないのでは良い質問はできないし、話は深まらない。

政治経済にしろ歴史にしろ、科学や数学にしろ、ベースとなる基礎教養を身につけておく必要はある。

そのうえで、その道のトップランナーのみぞ知る最新情報は、専門家に教えてもらえばいいし、本を読んだりネットで調べたりすればいい。

骨格となる基礎教養と知識さえ身につけておけば、あとは「検索する力」「質問する力」さえあれば、いくらでも新しい知識を補完していける。

知らないことは恥でも何でもない。

「聞くは一時の恥、聞かぬは一生の恥」と言うが、そもそも聞くことを恥ずかしがる必要もないし、ググれば一瞬で解決だ。

やってみよう！

JUST DO IT

- □ 知らないことは恥ではない。どんなことでも恥ずかしがらずに質問する癖をつけよう。
- □ 子どもは「なんで？　なんで？」と質問魔になるから成長が速いのだ。
- □ 会議中、打ち合わせ中、わからないことがあったらスマホでサッと調べよう。

なぜ、デキる人は「質問力」が高いのか

17

POINT

まともな「質問」ができない人が多すぎる。「いい質問」をするためには、自分の中で論点や疑問をきちんと整理しないといけない。「質問力」はビジネスパーソンとして必須の能力だ。

何でも聞けばいい。

しかし、メルマガで毎週Q&Aコーナーをやったり、トークイベントで質疑応答を受けていると、あまりに質問力がない人が多いことに驚く。

茫漠《ぼうばく》としたザックリ質問には茫漠とした答えしか出しようがないし、前提条件がはっきりしない質問は「回答不能」だ。

質問力というのはビジネスを進めるうえで必須の能力だ。「質問」が下手であれば本質的なアイデアを引き出せず相手も自分も無駄な時間ばかりを過ごすことになる。

ここでは思いつくままに、質問力がない駄目な例を箇条書き的に列挙していこう。自己チェックしてほしい。

①　FAQ（よくある質問への回答）レベルの愚問を何度も聞いてくる

「堀江さんが購読しているメルマガは何ですか」「1日何時間寝ていますか」「おススメの漫画は」という類の質問は、これまで無数に浴びせられてきた。ネットで調べればすぐにわかるようなことを本人に直接説明させようという精神が理解できない。忙しい相手に対しては、調べてもわからないことだけを聞くべきだ。

②　論点がごちゃ混ぜになっている

「ネコの殺処分をなくしたいが業界がまとまらない。ボランティアはブリーダーやペットショップを攻撃し、ネコの血統の良さを評価するキャットショーは依然として人気イベントのまま。影響力のある人にもっと発信してほしい。どうすればいいと思いますか」

いくつもの論点がゴチャゴチャに混ざり合っている。質問者自身が頭の整理ができておらず、何をやりたいのか、何を知りたいのかわかっていないのだろう。

これでは有用なアドバイスなんてできるわけがない。

③　前提条件がはっきりしない

「堀江さんが今の時代の小学生だったら、何をしてますか？　起業してますか？」

これもさまざまな前提条件により出てくる結果は変わってくる。家庭環境は今の時代に沿っているのか？　親はスマホを僕に買い与えるのか？　僕の性格やアイデンティティは現在のままなのか？　決めなくてはいけない変数が多すぎて答えを出しようがない。

④　不要な情報をダラダラと説明する

「証券会社に勤めてまして、２月10日で辞めるんですけど。今、ＡＩとかシェアリングエコノミーなどが普及しだしていると思うんですが、これから資産運用のあり方は変わりますか？」

質問自体も漠然としているが、その前段にある自己紹介、そしてＡＩやらシェアリングエコノミーやらをダラダラと説明するのは時間の無駄だ。

この他にも、講演の最後の質疑応答に多いのだが、僕への質問と見せかけて、自分の経歴や主張をダラダラと述べて、結局質問が何だかわからないという人も多い。勝手に日記にでも書いておけ。

⑤　答えてほしい内容がすでに決まっている

質問を発する時点で「こういう答えを出してほしい」という願望が最初から固まっている人が多い。「世界は平和であるべきだ」「原発は危険だ」などという意見に多いのだが、すでに質問者の中で結論が出ていて、質問ではなく代弁してほしいことを投げかけてくる人間も多い。

列挙するとキリがないのでこのあたりにしておこう。

質問力を上げるには、「明確に簡潔に聞きたいことだけ聞く」を心がけるといいだろう。

いい質問ができなければ、いくつものプロジェクトを同時に高速で動かすことはできない。

やってみよう！
JUST DO IT

□ 「質問力」がない人に共通する問題点。それはメールやLINEも長いということだ。

□ 簡潔な文章を書く練習、手短に話をする練習をしよう。

99%の会議はいらない

18

POINT

「無駄な会議」をなくすためには、論点を明確にし、情報を集め、感情を捨てよ。

質問力がない人、話やメールが無駄に長い人に共通している問題は何か。

それは、自分の頭の中でさえ問題がきちんと整理、言語化できていないことである。

こういった人間が集まって会議をすると、論点はごちゃ混ぜになり、さらに問題が複雑化する。

「会議は踊る、されど進まず」という有名な言葉がある。ナポレオン戦争が終わったあと各国が集まってウィーン会議を開いたものの、何カ月たっても話がまとまらなかった。

以来、駄目な会議の典型としてこの言葉が語られるが、これではいくつものプロジェクトを怒濤のごとく進めることは不可能だ。

会議など次から次へとハシゴしなくてはいけない。

前項でも触れたが、HIUの参加者から「ネコの殺処分は、かわいそうなのに、なんで影響力がある人はもっとこの問題について意見を発信しないのか」という質問を受けたことがある。

質問者は「殺されるネコがかわいそうだ」「なぜみんなもっと行動しないのか」と繰り返したが、感情論が何かを解決することは永遠にない。

まず、問題が整理されていない。

「ネコの殺処分をやめさせたいのか」それとも「影響力のある人に協力してほしいのか」。

後者は一つの手段であり、問題の本質は「ネコの殺処分をやめさせたい」ではないだろうか。手段と目的をごっちゃにしているから、しっかりと切り分けるべきだ。

問題を明確にしたうえで、丹念にヒアリングしていくと、以下の情報が出てきた。

感情論を振りかざす前に、出すべきは情報である。

・イヌ、ネコの殺処分は年間20万匹から8万匹まで減ったが、依然として多数のイヌ、ネコが毎年殺され続けている
・ペットを飼えなくなった飼い主が保健所にもちこんだり、繁殖したネコに迷惑した近隣住民が保健所にもちこみ、引き取り手がいないネコは殺処分されているらしい
・コストがかかりすぎるため、保健所が面倒を見るわけにもいかない

ネコの殺処分問題について会議を開くのであれば、初めにこういった情報を共有しなければ、建設的な議論などできない。

もらった情報だけで判断するしかないが、ネコの殺処分を減らしていきたいのならば、たとえば以下の方策はすぐに思いつくはずだ。

・ネコ好きの人に呼びかけてクラウドファンディングで資金を集める
・ネコ好きのタレントや芸能人にも、インフルエンサーとしてPRしてもらう
・クラウドファンディングによって集めた資金を使い、無人島を丸ごと買い取る
・保健所にもちこまれて殺されるはずだったネコを、その島に避難させる
・その島でネコ好きのためのイベントを仕掛けたり、ツアーを企画する
・外国語表記のウェブサイトを作ったり、英語や中国語しか使えない人も遊びに来られ

るような態勢を整え、海外のネコ好きも島に呼びこむ

・島への入場料及び収益をネコのエサ代や新たなネコの引き取り費用に充てる

無人島であれば外部の環境とは完全に断絶されるから、近隣住民に迷惑をかけることもないし、環境に悪影響も及ぼさないだろう。他にもっと情報が集まれば、その分アイデアも増える。

まとめると、無駄な会議をやめるには以下の三原則を守ることが必要だ。

① 解決したい問題を明確にする（能書きは捨てて、結論を先に言う）

② 必要な情報を集める

③ 感情論を排しロジカルに判断する

小学校の授業でやるレベルのことだが、これができていない人があまりに多い。ダラダラと話をするだけで何も決まらず「それでは、また明日続きをやりましょうか」と会議がひたすら延長されていく。

それではいつまでたっても仕事は終わらない。三原則を徹底し、1時間かかる会議を30分にし、そして15分にしていこう。

やってみよう！
JUST DO IT

□ 予定表を開いて会議の予定を確認しよう。

□ その会議で何を決めるのか、即答できるか？

□ 当たり前だが、「何を決めるのかわかっていない会議で何かが決まることは永遠にない」。

□ その会議に必要な情報をしっかりもっているか？

□ 当たり前だが、「必要な情報がなければ、正しい判断には結びつかない」。

□ その会議にあなたの感情をもちこんでいないか？

□ 当たり前だが、「感情論の前ではすべての会議が無意味である」。

第6章

世界最速仕事術

世の中には二つのタイプの人間がいる。それは、仕事が速い者と遅い者だ。
大量の仕事をこなすのに重要なのは、物理的な「速さ」ではなく、「リズム」だ。
「リズム」が悪ければ、仕事は溜まり続ける。

すべての仕事はスマホでできる

19

POINT

スマホでできるのに電話を使い、家でできるのに通勤する。あなたが忙しいのは、仕事が多いからではない。無意味な時間をなくさなければ、多動力を発揮することはできない。

未だにファクスや電話を使って仕事をしている人がいるのが僕には信じられない。多くのプロジェクトを同時にこなすためには、仕事の生産性を上げるということへの意識を強くもたないといけない。

僕は今、自分でも全貌を把握できないくらいたくさんのプロジェクトを同時並行で進めているが、そのほぼ100％をスマホでこなしている。パソコンすらあまり使わない。

スマホの普及によって、僕の仕事の効率は飛躍的に高まった。

以前メルマガの原稿を書くときは、MacBook Air を使うことが多かったが、フリック入力のスピードがパソコンのブラインドタッチなみに速くなった今、パソコンを原稿書きに使う必要もない。

予測変換も活用すれば、長文入力するときのパフォーマンスはスマホもパソコンもほとんど変わらない。

仕事の打ち合わせや指示出し、意見の吸い上げは、プロジェクトごとにＬＩＮＥやメッセンジャー、メールを使い分ける。

その場でパッパと解決していけば、仕事を積み残してストレスが溜まることもない。

顔を見てコミュニケーションを取りたいときにはSkypeを使う。これもスマホで済む。しかも相手が国内のどこにいようと、海外にいようと問題ない。

今ではパソコンは、大きな画面で動画を見るときくらいしか使わなくなってしまった。パソコンをテレビ代わりのデバイスとして使っているわけだ。

どうしても大画面で見たい動画なんてそんなにたくさんあるわけでもないし、もはやパソコンがなくなったところで僕はたいして困らないと思う。

iPhoneの最大容量は２５６ＧＢあってMacBook Airと同等だし、初期のスマホのように容量不足になることもない。

スマホでApple Musicにアクセスすれば音楽を聴き放題だし、Amazonプライムに登録すれば、音楽だけでなく映画やドラマもコンテンツが死ぬほど山積みされている。

仕事も遊びも、コミュニケーションも買い物も、スマホで全部事足りる世の中なのだ。

僕はスポーツジムでの運動中もスマホは手放せない。15分ランニングしたあと、インターバルを置いて少し休みながら15分歩く。歩いている間にスマホを開き、仕事を進める。しばらく仕事をしたら、また走り始めるといった感じだ。

ジムで水泳をするとプールの中にスマホをもちこめないため、僕はあまり水泳はやらない。

1日オフィスでパソコンの前に張りつき、会議室で打ち合わせを繰り返しているサラリーマンも、うすうす気づいているのではなかろうか。

「わざわざ会社で仕事をする意味なんてない」「パソコンでやる必要はない」ということに。

惰性と慣習、組織の同調圧力に流され、時代にそぐわない仕事のやり方、非効率的な仕事のやり方をしている人が、いかに多いことか。

昨今の世の中では長時間労働とブラック労働がバッシングされているが、近いうちにロボット化が進み、人間がやるべき労働の時間がどんどん減っていくだろう。

生産性が低い人間は真っ先に淘汰される。

今の仕事はもっと効率良くできないだろうか？

往復2時間以上かけて会社に出向いてやる意味はあるだろうか？

家にいながらスマホでできることではないだろうか？

会社に行かなくてはいけない。

直接会って話さなければいけない。

資料は紙で渡さなければいけない。

そういった何の根拠もない考えを改めるだけで仕事は一気に効率化する。

やってみよう!

JUST DO IT

- □ 昨日の仕事を思い浮かべてみよう。
- □ その中で、スマホでできなかった仕事はあるだろうか?
- □ できなかったというのは思いこみではないだろうか?
- □ 自分を実験台にして、すべての仕事をスマホでやるなど、未来を生きてみよう。

仕事の速さはリズムで決まる

20

POINT

大量の仕事をこなすために、必要なのは「速度」ではなく「リズム」だ。「リズム」を乱す障害を取り除き、一直線に駆け抜けよう。

仕事が遅い人は決まってリズムが悪い。大切なのは「速度」より「リズム」である。

いきなり電話をかけてこられたり、話しかけられたりすると、メールやＬＩＮＥの処理がストップをかけられる。

僕は仕事のリズムを崩されると、たまらなくイライラする。

ＨＩＵで運営しているフェイスブックのオンライングループでも、リズムを乱す長文投稿があると、僕は「長い！」とキレる。

パワーポイントで作った無駄に重いファイルや、何ページにもわたるＰＤＦファイルをメールに添付してくるヤツにも辟易する。

わざわざPDFファイルにするのではなく、テキストで貼りつけてくれれば一瞬で表示できる。意味のない添付ファイルを送ってくるような人間と僕は仕事をしたくない。

こういう話をすると、僕がせっかちだから怒っていると思う人がいるが、本質は違う。

もう一度言う、仕事というのは「速度」よりも「リズム」なのだ。

メールを見て即返信する。LINEでピッピッとやりとりする。長めのテキストは隙間時間にチェックする。

せっかくメールやLINEという便利なツールを使っているのに、重い添付ファイルが交じってサッと開けないだけでリズムが狂い、長い行列を作るのと同じ状態になってしまうのだ。

マラソンやジョギングをやってみるとわかるが、キレイな道をジャマがなく坦々と走れると、とても気持ちがいい。

皇居の周りのようにランナーが大勢ひしめいていたり、赤信号でいちいち足を止められたりすると、せっかく途中まで調子良く走れていても途端にペースが乱れてしまう。もちろん、疲労度も変わってくる。

ファイルをわざわざ添付したり、意味のない長文メールを延々と書き連ねたりしてくるヤツは、マラソンで人のリズムを乱す駄目なランナーと似ている。

メールで時候の挨拶なんて必要ない。最初から結論を伝えればいい。そういう単純なやりとりのほうが、仕事はスムーズに進む。

グダグダと長ったらしい話をしたり、メールを書いたりしてくるヤツに限って、結局何が言いたいのかわからない。

「お前は何が言いたいんだ」と逆質問しても、キョドってまともに答えられなかったりする。

人のリズムを狂わせ、自分のペースに巻きこもうとする連中とまともに付き合っていたら、複数のプロジェクトを効率良くこなすことなんてできない。

ビートを刻むように仕事をパッパとこなす。ビートを乱す不協和音は視界から排除する。

リズムを止める要因を全部消し去り、障害物のないキレイなコースを走るつもりで仕事をこなす。

そうすれば、いちいちリズムを崩している駄馬のようなランナーを一気に置き去りにできる。

自分は仕事が遅いと思っている人は「リズム」良く仕事ができているか見つめなおしてみよう。

資料をチェックしている途中で電話に出て、電話を切ったらまた最初から読み始めるなどしていては時間がいくらあっても足りないのは当たり前だ。

やってみよう!
JUST DO IT

- □ 強制的に退社時間を2時間早めてみよう。
- □ そうすれば、効率的に仕事を終わらせるにはどうしなくてはいけないか、考える癖が自然とつく。
- □ 大切なことは、終わらない仕事を、労働時間を増やすことで解決しようとしないことだ。

21

ヒマな人ほど返信が遅く忙しい人ほど返信が速い

POINT

仕事がどんどん溜まっていく人は、仕事量が多いわけではない。渋滞が起きるのは当たり前だと思いこみ、渋滞をなくす「一工夫」をしていないのだ。

実は忙しい人ほど返信が速い。たとえば幻冬舎の見城徹社長も、サイバーエージェントの藤田晋社長も、レスはメチャクチャ速い。

僕のデジタル仕事術も「メールやLINEは即レス」「メッセージを見た瞬間から10秒で返信」「渋滞を作らない」が基本だ。

仕事がデキる人には「レスが速い」という共通点があり、忙しい人ほど持ち球を手元に溜めないものだ。

道路の渋滞にしても、デパートや人気店の待ち行列にしてもそうだが、ちょっとしたことがボトルネックになっているせいで、あとまでダーッと行列が伸びてしまう。

渋滞や行列の原因となっているボトルネックさえ取り除いてあげれば、「注文の多い料理店」であっても、注文がバンバンスムーズに流れ、効率化を実現できる。

朝会社に出社すると、多くのビジネスパーソンはまずメールボックスに溜まったメッセージを処理していくことから仕事を始める。

たとえば100件メールが届いていたとしよう。優先順位をつけることが大切だ。移動中や隙間時間に読めばよいメルマガやニュース類もあれば、速攻でゴミ箱行きにするべきメッセージもたくさんある。

ゴミメールの合間に、現在進行中のプロジェクトに関する重要なメッセージも交ざっているだろう。

まずは重要度の高いメッセージから順番に仕分ける。即レスするべきメッセージに、上から順番に次々と指示出しや返信をしていく。

どうでもいいメールから先に返信しているせいで、最優先のプロジェクトへの指示出しが後回しになってしまうようではいけない。

またレスポンスをするにあたり、躊躇や熟考はせずどんどん処理していくべきだ。

こうして仕事に優先順位をつけて効率的に処理していけば、メールの返信だけで午前中まるまる潰れるというアホらしい仕事のやり方は修正できる。たとえ1日5000通のメールが届いたとしても、重要事項とどうでもいいメールをフィルタリングしつつ、次々と処理できる。

災害や事故の現場では、緊急派遣された医師が「トリアージ」と呼ばれる仕分け作業を即断即決で進めていく。

大量のケガ人や被災者があふれている現場では、ただちに救命救急医療を施さなければ命が危険な患者を最優先して対処する。続いて重傷者に対応し、軽症の患者は申し訳ないが最後まで待ってもらう。

冷酷なまでに「トリアージ」で仕分けしなければ、災害や事故の現場では助かる命も助からなくなってしまう。

これと同じ作業を、どんな仕事でもやるべきだ。

仕事がデキない人、仕事がやたらと遅い人は、入り口の段階で仕事の仕分け作業ができていないことが多い。優先順位をつけず、手近にあるどうでもいいことから始めてしまうから、大事な案件とどうでもいい案件が玉石混淆《こんこう》になってカオスに陥るのだ。

仕事で行列ができてしまうのは、単純にオペレーションが悪いのだ。たとえばＨＩＵの定例会では、トークイベント後にテーブルに並んだご飯をビュッフェ方式で取る。初めのころはみんながご飯に殺到して、行列がダーッとできていた。だが、ほとんどの人たちはそこで一工夫をしようとしない。

つまり、行列ができるのが当たり前だと思ってしまっているのだ。

だけど僕は、行列は作らないことができると思っている。だからどうしたかというと、壁にくっついていた長いテーブルを部屋のちょうど真ん中に置いて、両側から食事を取れるようにした。

そうしたら単純に効率が2倍になり、一瞬にして行列はなくなった。

残業に苦しんでいるほとんどの人は仕事量が多いのではなく、効率が悪いだけだ。コロンブスの卵のようなちょっとした工夫で仕事の生産性は一気に上がるのだ。

やってみよう！
JUST DO IT

□ 一度、目の前の仕事をする手を止めてみよう。

□ その仕事を半分の時間で終わらせるための「一工夫」を考えよう。

□ 気合いや根性より「一工夫」のほうが重要だ。

22

刑務所にいても一度もメルマガを遅らせなかった秘訣

POINT

どんな過酷な状況であれ、与えられた条件の中で最大限の効率化を図る。

僕のことをよく知っている人、一緒に仕事をする人は「堀江さんってマメですよね」とか「意外と真面目ですよね」などと言う。

自分では普通だと思うが、僕は原稿などの締め切りに遅れることはないし、メルマガを休んだことも一度もない。

長野刑務所に収監されたとき、読者の中には「これからホリエモンは週刊メルマガなんて絶対出せない」「メルマガは潰れるかもしれないな」と思った人もいただろうが、僕は刑務所にいる間だって一度もメルマガを休刊しなかった。

もちろんパソコンやスマホが使えないのは不自由極まりなかった。受刑者は類

（階級）が上がることによって発信制限が緩和されていくのだが、いずれにしても好きなだけ手紙を出すことができるわけではない。

しかし、略語や短縮用語を多用し、できるだけたくさん漢字を使って1枚の便箋に大量のメッセージを凝縮していった。

それをスタッフがワードで打ちこみ、メルマガとして発信する。

こういう工夫によって、がんじがらめに縛られた獄中でもメルマガを続けられた。今は、気になったニュースにその都度ＳＮＳやNewsPicksでコメントをしている。

メルマガのコンテンツである「時事ネタ解説」には、ゼロからニュースを集めて考えるのではなく、これらのメモをもとに記事を再構成していけばいい。

読者からのＱ＆Ａの要望も、毎週膨大に寄せられる。

これも似たような質問は合体してまとめてもらったり、真面目に答えるに値しない質問は「その他」のフォルダに放りこんでおいてもらうことによって、省力化を心がけている。

僕が休むことなく週1のメルマガを続けられているのは、マメでも真面目だからでもなく、継続するために、ストレスのかからない工夫をしているからにすぎない。

世の中には締め切りや納期にルーズな者も多いが、僕は締め切りは絶対に守る。

周知のように、僕は毎晩のように出かけて、2次会、3次会と飲み歩いている。

しかし、思いきり遊んでいるからといって、原稿が後手後手になったり、「面倒くさいからメルマガの仕事なんて先に延ばしてしまおう」と思ったことは一度もない。

やるべき仕事は酒を飲んで酔っぱらう前にやっておけばいいのだし、毎日効率化してさっさとこなせば溜まることもない。

「メルマガの作業に毎週何時間かけているんですか」とよく聞かれるのだが、時間なんて計ったこともない。

毎日の隙間時間に少しずつ進めておけば、「必死で原稿を書いている」という状態にはそもそもならないのだ。

メルマガのコンテンツである、「1週間の日記」にせよ、1週間分を一度に書こうとすれば僕だってしんどくなる。

昨日食べたものは覚えていても、おとといや3日前に食べたもの、訪れたレストランの名前なんて忘れてしまう。

だったら前日の夕方から当日の昼までにあったことを、当日飲みに行く前の時間帯で日記に書くことを習慣づければいい。

スマホのカレンダーに自分だけがわかるメモを何行かつけておき、そのメモをもとに日記を書くのもいいだろう。これを2日以上遅延しないようにしておけば、日記なんて日常習慣として簡単に書ける。

メルマガに限らず物事を継続するためには、時間を短縮するよりも、やり方を一工夫しストレスがかからないようにすることが重要だ。

やってみよう!
JUST DO IT

- □ 隙間時間に効率よく仕事をする癖をつけよう。
- □ 仕事を溜めないように、前倒しで進めてみよう。
- □ ストレスのかからない仕事の進め方を考えることも仕事の一部だ。

23

1晩10軒以上をハシゴしろ

POINT

会議は1回1時間、会食は1日1回など、固定観念で決めていないだろうか？
猛烈に濃密に生きるためには、次から次へと短時間でハシゴしよう。

僕は毎日、分単位のスケジュールで動いている。

目まぐるしいスピードで移り変わっていく予定に、あまりに詰めこみすぎじゃないかと言う人もいるが、僕から見ると他の人が止まっているようにしか思えない。

集中するとき、情報をインプットするときはとことんまで詰めこんでやったほうが効率もいい。

みなさんは自分で自分に制限をかけて平均的な量の仕事をしてはいないだろうか？

僕は365日、ほぼ外食だからいつもおいしいお店を探しているが、食べログ的なグルメサイトは評価の高い店も低い店もごちゃ混ぜに載っている。

紹介されている店の数は多くても、目利きによるキュレーションが全然なされていないし、中には自分の店の評価を上げるためにサクラを使ったり、恨みがある特定の店に最低評価をつけている嫌がらせもある。

そこで僕は本当にうまい店だけを探せるグルメサービス「TERIYAKI」(テリヤキ)を立ち上げた。

「居酒屋」「和食」「フレンチ」「寿司」「郷土料理」などいくつものカテゴリーを設け、「高ウマ」「安ウマ」といったわかりやすい指標もつけている。

僕を含め「テリヤキスト」と呼ばれるキュレーターは、年間500食以上は外食している。

本物の食通が徹底的に食べ歩いた結果、「この店はうまい!」と太鼓判を押した店だけを厳選しているが、掲載店舗数は二千数百店に達する。

年間500食も実食すれば、おいしい店、イケてる店を見分ける審美眼はおのずと身につく。僕自身もテリヤキストの1人としておいしい店がオープンしたと聞けばすぐに駆けつけ、年間優に500食以上は外食をしている。

そんなにできないと思っている人がいるかもしれないが、それはやり方が下手なのだ。

みなさんは、1日1店しか行けないという勝手な思いこみをしていないだろうか？

僕はときどき「暴食団」という活動を展開している。

ある地区をピンポイントでターゲットに定め、ミシュランの星付きレストランから大衆的な店に至るまで、さまざまなバリエーションのお店を一気に食べ歩くのだ。

たとえばある日の神戸を例に挙げると、①定番のおいしい中華「二位」で蟹爪の詰め物、②高級フレンチ「la Maison de GRACIANI」でタコ煮とトマトのコンフィを冷凍させてスライスしたカルパッチョ、③ピザ店「Azzurri」、④ノリのいい大将が焼く焼き鳥をカウンターでいただく「かさ原」、⑤「Ristorante Due」で熊のパスタ、⑥「紀茂登」でイクラ、⑦「城助」で握り数種とフワトロお好み焼き、⑧「イル・バッカナーレ」で鳥唐揚げとカレー、⑨「金山園」で汁なしそば、⑩「侘」でフルーツカクテル——といった具合だ。

数時間以内に10軒以上の店を食べ歩くツアーは、ダラダラ長居しないので時間効率が良い。

その店のイチオシメニューを中心にパッと食べてサッと撤収するので、店にとっても回転率が良くて喜ばれる。

食べ歩きコラムを書いているライターにとっても、このような集中的食べ歩きサーキットは一気に取材が進んでいいのではないだろうか。

多くの人は、自分の枠を勝手に決めてしまっているのだ。

会食は1日1組、ライブは1日1回、デートは1日1人……などなど。

そんな常識は誰かが勝手に決めただけで、何の根拠もない。

猛烈に何かを極めたければそんなストッパーなんか外して、極端なまでに詰めこまないといけない。

他の人がのんびり平均的な人生を過ごしている間に、次から次へとハシゴして、他の人がたどり着かない高みまで登ってしまおう。

やってみよう！

JUST DO IT

- □ 超過密スケジュールの旅行、休日を一度作ってみよう。
- □ やりたいことはやりたいときに全部やり倒す習慣をつけよう。

仕事の質は睡眠で決まる

24

POINT

「よく寝る」は基本。

「多動力」を発揮するために、睡眠時間を削るのは本末転倒だ。

よく寝てこそ、超人的なスケジュールをこなすことができる。


僕の超人的なスケジュールを知っている人が、みな口をそろえて言うことがある。

それは「堀江さん、身体《からだ》が強いですね」ということだ。

たとえば、昨年書籍の取材も兼ねてヨーロッパ経由でアフリカに入りアフリカ大陸の各国を3週間以上も飛び回った。

慣れない環境だったからか、同行していた編集者もライターもみな帰国とともに身体を壊したり、入院したりする者までいた。

でも僕は帰国したその足で、バンカラという行きつけのカラオケに行き、夜中の2時過ぎまで酒を飲み、翌日からまた元気に仕事をしていた。

こんなことばかりやっていると「なぜダウンしないのか」と聞かれる。

僕は身体が弱いほうではないが、大学の体育会出身だったわけでもない。いたって普通の人間だ。では、その僕がなぜ周りから見ると超人的スケジュールをこなせるのか。

それはシンプル。

「十分な睡眠」と「ストレスのない生活」だ。

僕は最低でも1日6時間は必ず寝るようにしている。

睡眠時間がそれ以下になると日中眠くなって仕事の効率が落ちるため、ベッドで8時間寝るのが望ましい。

よく「このところずっと3時間睡眠だよ」とか「昨日も徹夜しちゃったよ」と睡眠不足自慢をしている人がいる。

ああいう人は自らを身体を壊すように仕向け、緩やかな自殺行為をしているようなものだ。ショートスリーパーは早死にしても仕方ないし、睡眠不足によって凡ミスを多発し、仕事の効率が悪かったりする。

手塚治虫や石ノ森章太郎、赤塚不二夫は多作のマンガ家として知られるが、手塚は60歳、石ノ森も60歳、赤塚は72歳と短命に終わった。
いずれも大量の締め切りを抱えながら慢性的な睡眠不足状態でメチャクチャな仕事量をこなしており、1日徹夜をするどころか、2徹、3徹と殺人的な仕事が常態化していたらしい。こうした長年の無理がたたり、平均寿命より短く人生を終えてしまったのだろう。

僕は海外に出かけるときには基本的にビジネスクラス以上にしか乗らない。寝るときはシートを180度フルフラットに倒して横になれるから、異常なスケジュールで世界中を飛び回っているように見えても実は十分な睡眠を確保している。とはいえベッドで寝るのに比べると、睡眠の質は良くない。あくまでも、睡眠はベッドの上できちんと取ることが基本だ。その基本をおろそかにしたら、絶対どこかでガタが来て身体を壊す。

思い返してみれば、僕は10代のころから試験直前に徹夜はしなかった。睡眠を削って勉強したところで、勉強した内容は記憶には定着しない。十分な睡眠がなければ、記憶力は比例的に落ちていくのである。一夜漬けはナンセンスだということは、科学的に完全に実証されている。

起業したばかりのころは、あまりに忙しく、よく会社に寝泊まりしていた。だからといって1日20時間労働とかムチャなことをやっていたわけではない。8時間睡眠を厳守していた。睡眠を削ってまで働いたところで、パフォーマンスが落ちるだけでロクなことはない。

くどいようだが睡眠こそ人生を充実させるための最優先事項である。明け方まで飲むことが多いから、基本的には午後から仕事を始める。

無理をして早起きしたり、徹夜して何日間かすごい量の仕事をしたところで、長い目で見れば大した差はつけられない。身体を壊してしまってむしろ大きなロスをすることになる。

どんなに多くのプロジェクトを抱えていようと、睡眠時間は削るべきではない。

改めるべきは仕事のやり方であり、生産性だ。

当たり前のことだが、人間死んだらおしまいだ。多動力を発揮して莫大な数のプロジェクトをこなすためには、いつまでも飛び回れる健康を維持するべきなのだ。

やってみよう！

JUST DO IT

□ 本を閉じて寝よう。

さよなら ストレス

25

POINT

本音で生きればストレスは溜まらない。言いたいことを言って、食べたいものを食べて、寝たいだけ寝よう。

先ほど書いたように、多動でいるためには「健康第一」だ。

その最大の秘訣は「睡眠」、そしてもう一つは「ストレスのない生活を送ること」である。

そのためには、ここまで散々言ってきたように、「やりたくないこと」はやらない、「付き合いたくない人」とは付き合わないことが鉄則だ。

しかし、会社員はそんな自由にはいかないと思っている人もいるかもしれない。

本来は会社員であっても、フリーランスであっても変わらない。僕だって以前は刑務所という最も自由がない場所にいたことがある。

2011年6月から2013年3月まで、1年9カ月間長野刑務所に収監されていた。「755」と囚人番号が振られ、何をするにも命令口調で指示される。デジタルデバイスを使って仕事をすることが許されず、鉄格子がはまった建物内に幽閉されるのは、それまでの僕からすると制約条件があまりにも多い環境ではあった。

そんな過酷な獄中生活中も、僕は極力ストレスフリーであることを心がけた。獄中ストレスの9割は人間関係だ。シャバでは出会うことのないような面倒くさいヤツ、社会性が完全に欠如したヤツ、どうしようもない性犯罪者やチンピラヤクザがいて、わざわざ喧嘩を売ってくるようなこともある。

そういう連中と無用な揉め事を起こせば、以後の獄中生活がさらに不愉快になるし、懲罰を食らって類が上がらず、仮釈放も遅れてしまう。

最初はそんな環境に戸惑いもしたが、次第に、突っかかってくる者がいたとしても、華麗にスルーすればいいのだと悟った。劣悪な人間関係を乗り越えるには「スルー力」が欠かせない。

もっとも、刑務所の外であれば、言い合いになっても懲罰を食らうことはないから、我慢せず本人の目の前で思ったこと、不満なことをそのままぶつけて、その場で発散してしまう。そして、おいしいお酒を飲んだりカラオケをやって、グッスリ寝る。

これだけでたいがいのストレスは吹っ飛び、翌日には忘れているものだ。

僕だって、信頼していた人間から裏切られたことは何度もある。ライブドア騒動のときには、散々な目に遭った。しかし、人間関係は「裏切られて当たり前」くらいにドンと構えていたほうがいい。

人を信じるのはいいが、過剰に期待しすぎない。カネやモノを貸すときには、返ってこないものとして最初からプレゼントしてしまう。こういう気構えで過ごしていれば、人間関係のもつれによってストレスを抱えこむことはない。

また、

「酒を飲みすぎると脳細胞が死ぬ」「肉だけでなく野菜を食べろ」「化学調味料は摂取するな」「水道水よりも水素水のほうが健康にいい」「放射能が心配だ」

そんなアホみたいなことばかり心配してストレスを溜めることのほうが、健康にとって害だということも理解したほうがいい。

もちろん健康診断や医療行為を無視してやみくもに「ストレスを溜めるな」と言っているわけではない。人間ドックは当然受けたほうがいいし、歯医者で歯周病対策や歯石除去をまめにやれば、いつまでも健康な歯でいられる。レーシック手術を受ければ、コンタクトレンズやメガネから解放されてＱＯＬ（クオリティ・オブ・ライフ）が格段に向上する。

要は、心配しても仕方がないこと、科学的根拠のないことに振り回され、ストレスを抱えるというバカげた状況に陥らないように、最低限の医学のリテラシーはもつべきなのだ。

ストレスが万病の元であり、免疫系の働きを妨げる原因となっていることは間違いない。

ストレスを無駄に溜める人は、そのストレスが足かせになって仕事のパフォーマンスをグンと下げる。

ろくに睡眠も取らず終始イライラしているような人は要注意だ。今すぐ生活を改善する計画を立てよう。

やってみよう！

JUST DO IT

- □ 言いたいことを言ってみよう。
- □ 食べたいものを食べてみよう。
- □ やりたいことをやってみよう。
- □ 自分で自分を縛る必要はない。周りの目など気にせず、生きたいように生きればいい。

第7章

最強メンタルの育て方

どれほど仕事術を学んでも、行動に移せない人がいる。それはなぜか。理由は簡単で、「他人はどう思うだろうか」という「感情」があなたにブレーキを踏ませているのだ。

恥をかいた分だけ自由になれる

26

POINT

あなたが多動になるための最大のハードルは「他人にどう見られるだろう?」という感情だ。はっきり言おう。誰もあなたには興味がない。好きなように生きて、思いっきり恥をかこう。

ここまで、「多動力」を身につけるために多くの幻想や洗脳を解き、仕事術も伝授してきた。しかし、一番のハードルとなるのが「感情」である。

他人からどう見られているだろうか、恥ずかしいなどといった「感情」が結局のところ、一番の障害となる。

ドラマ『逃げ恥』(『逃げるは恥だが役に立つ』)が、視聴率20〜30%を獲得する大ヒットとなった。

ドラマで星野源が演じる会社員・津崎平匡《ひらまさ》はコミュ障で彼女がおらず、30代半ばになるまで女の子と付き合ったこともない典型的な童貞男だ。ガッキー(新垣結衣）が演じる森山みくりは大学院修了の高学歴美人だが、これまたコミュ障っぽいのか派遣社員の仕事を切られてしまう。

そこで身内の紹介を受け、みくりは家事代行サービスの仕事を始める。家政婦として出向いた先で津崎平匡と出会ったみくりは、勢いに任せて「ダンナに雇われる偽装妻」として「契約結婚」することになる。

童貞の特徴なのか、津崎平匡はワケのわからないところで羞恥心を発揮する。洗濯をしてもらうときに恥ずかしがってパンツを除外しておくのだ。

ホテル生活の僕は、服や下着はホテルのクリーニングに洗ってもらう。そのことについて、「堀江さんはホテルのクリーニングにパンツを出すのは恥ずかしくないんですか」と聞いてくる者がいるから驚いた。

自分とは関係のない他人にパンツを見られることなんて、何とも思わないに決まっている。

なのに「パンツを見られたら恥ずかしい」と思い、自意識過剰になってパンツだけ自分で手洗いする。まったくもって愚の骨頂である。

こういう人は「誰もあなたのことなんて興味がない」ということに早く気づくべ

きだ。

「家政婦にパンツを見られたくない」なんてどうでもいいことにこだわっているから、『逃げ恥』の津崎平匡はいつまでたっても童貞なのだ。

同窓会に出席したときのことを思い出してみよう。同窓会では誰もが「あのころ××なんてことがあったよな」と昔話に花を咲かせる。いじめっ子といじめられっ子が同窓会で再会すると、いじめた側はまったく覚えていないものだ。

嫌な思い出に限らず、記憶なんて大半がゴソッと抜け落ちていて「そんなことあったっけ」と首を傾げたりする。

自分のことですらちゃんと覚えていないのに、他人のことなんていちいち覚えていないに決まっている。人間の記憶や関心なんて、そんなものだ。

僕は今まで散々世間を騒がせてきた。しかし、その度に思うことがある。

「人間の記憶というものは都合良く塗り替えられる」

もう少ししたら、僕が逮捕されたということすらほとんどの人が忘れてしまっているだろう。人間なんて本当にそんなものだ。

だったらくだらない羞恥心なんて捨てて、「あいつはバカだな」と後ろ指をさされようが、最初からバカをやってしまったほうがいい。

一歩踏み出したせいでみっともない失敗をしたとしても、そんなことは3日もたてば誰も覚えてはいない。

恥をかく勇気、失敗する勇気さえもてば、どんどん免疫ができてリスクを取ることを恐れなくなる。この勇気をもつことが何よりも重要なのだ。

今、この瞬間から周りの人の目を気にするのをやめよう。

君の頭の中が、他人の振る舞いや失敗のことでいっぱいにならないのと同じように、周りの人は君のことなんてまったく気にしていない。外野の雑音なんて気にせず、君は飄々《ひょうひょう》と我が道を進めばいいのだ。

「多動力」を身につけるには、どんな知識や仕事術を身につけるより、「感情」のフィルターを外すことが先決だ。

やってみよう！

JUST DO IT

□ 恥をかけばかくだけ、自由になれる。さあ、恥をかこう。

□ とっても恥ずかしい格好をして街を歩こう。

□ とっても恥ずかしい過去の失敗を話してみよう。

□ 意外と、みんなあなたに興味がないことに気がつくはずだ。

小利口はバカに勝てない

27

POINT

リーダーはバカでいい。いや、バカだからこそ、リスクを考えずに手を挙げられる。あなたが手を挙げれば、小利口な人間が必ず手助けしてくれる。勇気を出して、手を挙げるバカになろう。

「バカは小利口に勝る」

いくつものワクワクするプロジェクトを動かすためには、人についていく小利口ではなく、手を挙げるバカにならなくてはいけない。

僕はこれまで、空気なんて読まず、クラスの中で真っ先に「はい！」「はい！」と手を挙げるような人生を歩んできた。

年功序列、終身雇用の余韻が残っていた1996年にオン・ザ・エッヂを起業し、ライブドアへとつながっていった。ニッポン放送とフジテレビを買収し、メディア革命を起こそうと計画した。大阪近鉄バファローズを買収し、プロ野球をおもしろくしようと考えた。自民党から衆議院議員候補として出馬し、自民党総裁になってやろうと夢想した。

失敗した計画も多いが、成功したプロジェクトのほうが数多い。

今でも僕はおもしろいことを思いついた瞬間、真っ先に手を挙げる人生を歩んでいる。

目の前におもしろいもの、興味深いものがあれば、さっと手を伸ばして触ってみる。自分の手で触ってみておもしろければ、とことんまでハマってみる。

成功している社長にはバカが多い。

バカだから「恥ずかしい」とか「失敗したらどうしよう」などという「感情」を通り越してやってしまう。

小利口な人間があれこれ考えて行動を起こせずにいる間に、手を挙げるバカがチャンスを手にするのだ。小利口が癖になると、せっかく目の前におもしろいことがあるのに、一歩引いているせいでタイミングを逃してしまう。

これからの時代、小利口な人間は職にあぶれることになりかねない。

小利口が今までやってきたような、頭で計算できる仕事というのは、ＡＩやロボットのほうが得意だ。代替可能な仕事は価値が上がらず、早いうちに消滅する。

ベンチャー企業をいくつも見てきて実感したことだが、結局のところ、旗振り役の言いだしっぺが一番貴重だ。

言いだしっぺが本気にならなければ、プロジェクトは絶対に成功しない。

「やりたくないけど、給料をもらっているからやっている」

そんなふうに他人事のように仕事をしている人間がトップにいると、プロジェクトはうまくいかない。

HIUを主宰していると、「最初に手を挙げるバカは少数派である」という法則に気づく。

僕がHIU内で、プロジェクトの種となるアイデアを投下し、リーダーを募集する。しかし、せっかく能力と個性をもった人間が集まっていても、「感情」がジャマをして多くの人は手を挙げない。

しかし、手を挙げることを恐れることは何もないのだ。リーダー役はバカであっても構わない。リーダーなんて、とにかくやる気と勢いがあれば大丈夫。

一人のバカと、多数の小利口という法則がある。

プロジェクトを成功させたい強い気持ちをもつ人間がトップにいれば、技術をもった小利口、事務作業が得意な小利口が自然と集まってくる。

誰よりも早く手を挙げ、「まだ形になっていないプロジェクトを成功させてやる」というリスクを取れる人間こそが貴重なのだ。

学校の授業を思い返してみても、シーンとしたクラスで一番最初に手を挙げるのはとても勇気がいる。

たとえ素っ頓狂な意見であっても、膠着状態を破り、一番最初に手を挙げて意見を言える人間は、それだけで価値がある。一人が手を挙げれば、あとの人間も手を挙げやすくなる。

「一番最初に手を挙げる」人間が組織の中に何%かいるだけで、その組織は見違えるほど活性化する。

AIやロボットが人間の仕事を代替するようになったときこそ、「一番最初に手を挙げるバカ」の存在は輝きを増す。アルゴリズムや常識からかけ離れたクレイジーな発想から、爆発的におもしろい仕事が始まる。

「あいつはいつも一番に手を挙げる」と呆れられるほどのバカになろう。

やってみよう!

JUST DO IT

□ できるかどうかはおいておいて、とにかく手を挙げよう。

□ 最初は勇気がいるが、まず一歩を踏み出すことが大切だ。

第8章

人生に目的なんていらない

いつでも若々しい60代がいる一方で、老人のような20代もいる。人間は加齢ではなく、新しいものに興味がなくなった瞬間に老いが始まるのだ。

永遠の3歳児たれ

28

POINT

「多動力」は大人になるにつれ失われていく。つまり、未知なるもの、新しいことに興味がなくなったとき老いが始まるのだ。いつまでも3歳児のような好奇心をもって生きていこう。

実は、かつては誰もが「多動力」をもっていた。

そう、あなたが3歳児だったころ、「多動力」は確実にあなたの中にたっぷりと備わっていたのだ。

ご飯を食べていても、興味がころころ移っては、ジュースをこぼしたり、お皿を割ったり、親を困らせていたはずだ。好奇心が抑えられず怪我ばっかりしていたはずだ。

しかし、多くの人は、子どもから大人になっていく中で、「多動力」がみるみるうちに涸《か》れていく。

「やりたいこと」ではなく「やらなくてはいけないこと」をするように矯正され、バランスの取れた大人になる。

一方で、成功している起業家やクリエイターは、好奇心旺盛な3歳児がそのまま大人になってしまったような人が多い。

大人になるにつれ身につけるはずの分別や自制心を、彼らはいい意味でもっていない。無分別であり、ストッパーが外れている。

だから、50歳になろうが60歳になろうが、興味があることに脇目も振らず邁進する。

その結果、誰もが考えもしなかったイノベーションを起こすのだ。

本書の冒頭にも書いたが、テスラ・モーターズCEOのイーロン・マスクは服を着られないらしい。

服を着ている間に、次にやりたいことを思いついてしまうから、ボタンを留めることができないのだ。

まるで3歳児がテレビやおもちゃに夢中になってしまって、いつまでたっても服を着替えられないのと同じである。

だからこそ彼は、常識にとらわれず、「火星移住計画」を立てたり、ロサンゼルスの渋滞に不満を感じれば、いきなり地下にトンネルを掘り始めたりしてしまう。

人は年を取ると、今まで培ってきた人脈や経験にがんじがらめになり、新しい刺激に身をさらせなくなる。

自身を変革し続けるフレキシビリティを失ってしまう。

僕も40代になったころ、同世代の人間が妙に落ち着き、つまらなくなっていることが気になり始めた。

そうやって落ち着いて一つの型にハマるせいで、自分で自分の世界を狭めてしまう。

しかし、肉体のトレーニングを欠かさなければ健康を維持できるように、未知なる刺激に接し続けていれば、3歳児のような「多動力」もキープできる。

AIやロボットに詳しいメディアアーティストの落合陽一さん（筑波大学助教）によると、ディープ・ラーニングの分野は驚くべき速度で開発が進んでいるそうだ。

数年前の修士論文に書かれていたレベルの内容を、今は機械学習によって15歳の中学生がたった3日間で完全に理解できるというのである。

となると、資格をもっているとか、高学歴であるといった過去の積み重ねは、あまり意味をなさない。

今学びたいと思う意思さえあれば、すぐに身につけることができるのだ。

つまり、今の時代に生きる僕たちは、マインド次第でいくらでも若返れる。

新しいことに興味を失ってしまえば10代でも老人だし、新しい刺激を求め続けるのならば60歳でも若者だ。

テクノロジーは年齢の差をも一気にフラットにした。

新しいデバイスに触れるのは面倒だ、行ったことのない外国に行くのは面倒くさい。

そんな態度では化石のように固まってしまうだろう。

いつまでも未知なるものを求め続ける「3歳児」であろう。

やってみよう！

JUST DO IT

- □ 昨日と同じ今日を過ごしていないか？
- □ 毎日、目をキラキラさせて、新しいことにワクワクしているか？
- □ ３歳児のように、毎日何かを発見し、興味あることで頭がいっぱいになる生き方ができているか考えよう。

資産が人を駄目にする

29

POINT

資産や資格なんていっそ捨ててしまおう。自分がもっているものを何とか生かそうとすることであなたの動きは遅くなる。手持ちのカードを捨て「やりたいこと」に最短距離で行こう。


資産や資格をもっていることで、むしろ腰が重くなる人が多い。

そんなものさっさと捨てて、やりたいことをやったほうがいい。

「祖父から土地を引き継いだので、この土地を使って何かできませんか?」

「ソムリエの資格をもっているので、この資格を生かした仕事をできませんか?」

という類の質問は多い。

なぜ、みんな今もっているものを何とか生かそうという発想になるのだろうか?

こういった貧乏根性があると、結局は損をしてしまう。

まず、発想の仕方が逆なのだ。

「●●をしたい⇒●●が必要」というのが筋であって、「●●をもっている⇒●●をしないともったいない」というのは大体うまくいかない。

１０００万円の土地をもっているのならば、それを生かして何かやろうと考えるのではなく、そんな土地はさっさと売ってしまって、１０００万円を元手にやりたいことをやればいいのだ。

資格も同様だ。

ソムリエの資格があるから、その資格で何をやるのかを考えるのではなく、あなたがもしワインバーをやるうえでソムリエが必要なのだとしたら、そのときソムリエを雇えばいいのだ。

「自分の資格を生かしてビジネスをやろう」なんて悠長なことを考えず、自分に足りない分野は人を雇って補完する。自分がやりたい仕事に、今すぐ手をつけることを最優先するべきだ。

手元にあるものをどうにかして生かそうと思うあまり、それに縛られて動けなくなってしまっては本末転倒だ。

以前、ＨＩＵの企画で、投資家の藤野英人さんと対談した。

藤野さんは野村證券、ＪＰモルガン、ゴールドマン・サックス系の資産運用会社を経て、現在は「ひふみ投信」を運用している。

藤野さんが「損切り」についてしていた話がおもしろかったから紹介しよう。

あなたが１０００万円で買った株が２００万円になりました。

売るべきですか？　売らないべきですか？

みなさんはどう考えるだろうか。

これは東電株の話だったが、ここで重要なのは、８００万円の損をしたことはとりあえず忘れるということだ。

そして、フラットな目で、今から東電の株を買うとしたら２００万円出すに値するのか、それとも２００万円あるならば、他の株を買ったほうがいいのかを考えることだ。

８００万円の損をしたということは、ただ感情の問題であって、株の価値には本来まったく関係のない話だ。

だから、売るべきか、売らないべきかの判断にはそれをもちこんではいけないのだ。

藤野さんの「ひふみ投信」は、たとえば投信に100銘柄組みこむとしたら、それまでその株をもっていて上がった下がったというのは無視して、現時点でベストの銘柄を組みこむようにしている。

今、手元に資格や資産（土地や家やキャリアなど）がある人は、むしろそれを生かそうと思うことで足かせになってしまうことがある。

手持ちのカードを生かそうと考えるのではなく、何をやりたいかをフラットに考えて、その際に必要なカードを集めればいいのだ。

そうすることで、スピードが加速し、いくつものプロジェクトを手掛けることができるようになる。

やってみよう！
JUST DO IT

- □ あなたのもっている資産、もっている資格を紙に書き出そう。
- □ そして、その紙を捨ててしまおう。
- □ あなたには何もない。だからこそ、丸裸でやりたいことに集中すればいい。

ハワイに別荘なんてもつな

30

POINT

ハワイに別荘なんてもつな。予定調和の幸福を求める人生はつまらない。

成功するとみんなハワイに別荘をもちたがるのが、僕には理解できない。安全で快適だとは思うが、新しい発見があるとは思えない。

2013年3月に長野刑務所から出所してきたとき、とても不愉快な思いをした。刑務所に入る前までは六本木ヒルズレジデンスの上層階で暮らしていたのに、前科者だからという理由でマンションの賃貸契約を拒否されてしまったのだ。そのとき僕はこう思った。

「だったらもう家なんて必要ない。これからは家に住まない人生を送ろう」と。

そもそも僕は、日本中、世界中を飛び回っていてあまり東京にいない。

それならホテルで暮らしたほうがいいと思い、僕はずっとホテル暮らしをしている。ホテル暮らしはすこぶる快適だ。

家があった時代にもっていた余計なモノはすべて断捨離したので、実に身軽である。洋服がいくらかあるくらいで、すべての荷物を合わせてもスーツケース三つ分くらいだ。

どうしてもなければ困るのはスマホくらいだろう。

しかし、必要なデータはクラウドに保管してあるから、もし旅先でスマホをなくしたとしても、新しい端末を買ったり誰かから借りたりすれば仕事は続行できる。

自分の持ち家をもっておらず、ホテル生活を送っているくらいだから、別荘を買うことには最初からまったく興味がない。

カネ持ちになると、人は自宅だけでなく軽井沢あたりに別荘を買い、さらにハワイにまでもう1軒別荘を買いたがるようだ。

別荘なんて買ったところで、ハワイや軽井沢に出かけることはせいぜい年に1、2回あるかどうかだろう。だったらホテルに泊まればいい。年に数泊する別荘のために、莫大な維持費をかけるのもバカらしい。

そもそも僕は、ハワイに行きたいと思ったことすら一度もない。ハワイというとホノルルマラソンに参加したり、お世話になっている人の誕生祝いで出かけたりするくらいで、ハワイに大きな価値を見いだす人の気持ちは僕にはまったく理解できない。

ハワイは欧米に渡るのに比べて飛行時間が短くて済むし、1年中気候が安定している。マリンスポーツやゴルフを楽しむ人にとっては、絶好の環境ではあるのだろう。

日本人観光客が多く、現地に行けば友だちが必ずいるし、おいしい料理屋さんもけっこう増えている。どこへ行っても日本語が通じる。

料理も気候も人も安定しており、期待どおりに遊べる。つまり、不安要素がなくリスクが少ない。

人はそういうハワイに魅力を感じるのだろうが、僕は安定感がある観光都市なんておもしろみを感じない。不安要素がないということは新しい発見も少ないということだ。

ルーティンワークを毎日こなし、想像どおりの楽しさを味わうことが僕には耐えがたいのだ。

たとえば2016年の年越しはこんな感じだった。【12月29日】東京→ハワイ【12月30日】ラスベガス【1月1日】アメリカ・シアトル→カナダ・バンクーバー【1月2日】カナダ・イエローナイフでオーロラハンティング【1月4日】アメリカ・ソルトレイクシティ【1月6日】メキシコ・カンクン【1月8日】アメリカ・ヒューストン→ロサンゼルス【1月9日】東京。

ハワイで1泊なんておかしいと散々言われたし、入国審査でも怪しまれたが、僕にとっては1泊が限界だ。

ミャンマー観光協会の人に「今度ミャンマーに1泊で行くんですよ」と言ったら「もっとゆっくり観光してください」と怒られたが、世界にはおもしろいところがたくさんある。

あっちこっち移動して、次から次に吸収したい。

人生は有限だ、予定調和の時間をできるだけ短くして、未知の発見を楽しもう。

やってみよう!
JUST DO IT

□ 予定表を広げてみよう。どうなるか予想もつかない予定はいくつあるか。

□ 先週も先々週も同じような予定を過ごしてはいないだろうか?

□ 未体験の予定をつめこんで、見たことのない景色を見よう。

人生に目的なんてない

31

POINT

人生に目的なんてない。

今を楽しむことだけが、すべてなのだ。


人はすぐ目的を知りたがる。

「堀江さんがしょっちゅう海外に行くのはなんですか？」「いろんな人と毎日食事するのはなんでですか？」

答えは一つしかない。

「おもしろいから」だ。ただ「おもしろいから」「楽しいから」行動する。

僕は「異業種交流会なんて行くのは意味がない」「名刺交換会なんてナンセンスだ」と各所で言ってきた。

人脈を作ろうと躍起になって何百人、何千人と名刺交換し、フェイスブックやツイッターの「友だち」の数を増やしたところで、仕事に役立つわけはない。

僕が海外を飛び回ったり、たくさんの人と会うことには何か目的があると考える人がいるようだが、そんなものはない。

いろいろな人と会ってしゃべればビジネスの新しいアイデアが生まれるからとか、人脈が広がるからといった理由によって、僕は行動しない。ただ楽しいからやるだけだ。

僕はそもそも「アイデアを見つけたい」「人脈を広げたい」なんていう頭でっかちな考えをもって日々を過ごしてはいない。

おもしろい人たちとおもしろい時間を過ごす。その結果、偶然のようにアイデアが生まれ、仕事につながり、遊びにもつながる。

1日24時間をできるだけ「ワクワクすること」だけで埋めるように努めている。その方法はこの本ですべて書き尽くした。

何か具体的な目的のための手段として人生を送ってはいけない。

楽しむことだけがすべてなのだ。

好きなことを好きなだけやっていると、手元に何かが残っているのだ。

人は「おもしろい」「ワクワクする」と感じられれば、時間を忘れて目の前の体験に没入できる。

誰だって、おもしろい本や漫画に夢中になって読みふけっているうちに、電車を乗り過ごしてしまった経験はあるだろう。

ゲームに夢中になっているうちに10時間が経過し、気がついたら外は朝になっていた。麻雀にハマっているうちに徹夜してしまった。そんな経験が誰にでもあるはずだ。

あまりにも物事にハマりすぎ、物事をおもしろがりすぎれば、人は「忘我」の境地に達して時間を忘れる。

周囲の人間が引くくらいに無我夢中になり、熱狂的なまでに没入できる。

そうなればこっちのものだ。仕事に没頭し、遊びに没頭し、夢中になれさえすれば、目的なんておのずと達成される。結果はあとからついてくる。

子どもはいつだって、目的なんて考えない。

楽しいから遊ぶ、おいしいから食べる、寝たいから寝る。

常識や周りの目を気にすることなく、生きているから、驚くほど成長が速いのだ。

無我夢中になり、没頭するという大切なことをなおざりにし、頭でっかちに「目的」を定める。数字や業績を達成しようとする。

今生きている時間、この瞬間を楽しまず、ただ歯を食いしばって努力したところで、思うような成果なんて得られない。

今がすべてであり、「将来の夢」や「目標」なんて必要ない。

「想定の範囲外」の新しいプロジェクトが次から次へと頭に浮かび、毎日がおもしろくてたまらない。僕はそんな人生を送っていきたい。

人生にゴールや終着点なんてあってたまるか。

僕は今日、明日、あさってと、常に自分を捨てながら新しい自分に生まれ変わっていきたい。

「多動力」こそ、僕が僕であり続けるための最大の原動力なのだ。

やってみよう！
JUST DO IT

□ とにかく動け。

おわりに

ここまで読み進めてくれた読者は、インターネットが全産業の〝タテの壁〟を溶かした今、いかに「多動力」が必須であるかわかっただろう。

そして、どのようにすれば「多動力」を身につけられるかも、理解してくれたと思う。


第1章では、日本人の頭に染みこんでいる、「石の上にも三年」という価値観の転換を図った。

第2章では、完璧主義や準備至上主義といった「バカ真面目」の洗脳を解いた。

第3章では、幼少期から教えこまれている「バランス教」のおかしさを暴いた。

日本人は「多動力」に、最も不向きな性格かもしれない。しかし、すべては洗脳であり思いこみである。一度まっさらになって、考え方そのものを見つめ直してほしい。一つのことをコツコツとやる時代は終わった。次から次へとたくさんのことに手を出そう。

第4、5、6章ではどのようにすれば「多動力」を身につけられるかといった具体的な仕事論を明かした。

まず大切なことは、「自分の時間」を取り戻すことだ。「他人の時間」を生かされている限り「多動力」は身につかない。

「自分の時間」を取り戻したうえで、仕事を効率良く進める工夫をする。

大切なのは、働く時間の長さではなく、「一工夫」をすることで、リズム良く仕事を進めることだ。

そして、「原液」となるものを生み出し、自分が動かなくとも、自分の分身にまで働いてもらう。

結果、周りから見ると一人の人間がやっているとは思えない量の仕事を動かすことが可能になるのだ。

多動力を身につけると、「仕事」も「遊び」も、次第に境目がなくなり、1日24時間がワクワクで埋め尽くされる。目的なんかなくなり、ただ夢中で日々を過ごすことになる。

「多動力」は大量の仕事をこなすための、技術ではない。
命が果てるまで、1秒残らず人生を楽しみきるための、生き方である。

本書『多動力』を読んだからといって、君自身が変革したわけではない。

重要なことは、Just do it. Just do it.
ただ実践することだ。失敗して転んでも、また実践する。膝がすり傷だらけになっても、子供のように毎日を夢中で過ごす。
あれこれ考えるヒマがあったら、今すぐ、やってみよう！

２０１７年５月　堀江貴文

カバー写真
柚木大介

帯写真
©YOSHIO TOMII/SEBUN PHOTO/amanaimages

ブックデザイン
トサカデザイン
（戸倉 巌、小酒保子）

校正
水元英登
西井康隆
蒔苗太一
たかはしいちろう
森 孝徳
遠藤温子
高橋弘毅
田中將介
（以上、堀江貴文イノベーション大学校）

取材・構成
荒井香織

編集
箕輪厚介
（幻冬舎）

多動力

2017年5月30日　第1刷発行
2017年6月15日　第4刷発行

著者
堀江貴文
発行者
見城 徹
発行所
株式会社 幻冬舎
〒151-0051 東京都渋谷区千駄ヶ谷4-9-7
電話　03(5411)6211［編集］
　　　03(5411)6222［営業］
振替　00120-8-767643
印刷・製本所
中央精版印刷株式会社

検印廃止

Printed in Japan
ISBN978-4-344-03115-9　C0095
幻冬舎ホームページアドレス
http://www.gentosha.co.jp/

この本に関するご意見・ご感想をメールで
お寄せいただく場合は、
comment@gentosha.co.jpまで。